「家族の流儀」を大切にする支援

を大切にする支援

{ 自閉スペクトラム症のある
子どもの家族支援・再考 }

勝浦眞仁
市川奈緒子
青山新吾

編著

金子書房

はじめに

　私は長い間「療育・発達支援」や発達の気になる子どもを育てている保護者の相談などの仕事に従事してきました。その中でいつも私の根底を揺るがす問いは，「支援とは何か」でした。その後大学で学生を教える立場になり，「特別支援教育入門」等の授業を担当するようになってからも，「支援」をどのように学生に教えるか，伝えるかということにいつも苦慮していました。

　2014年に私が責任編集をした書籍『発達障害の再考』（風鳴舎）のまえがきにそうした疑問を言語化した箇所がありますので，少し長いですが引用させてください。

　　「発達障害」は今や一般用語になりつつあります。「発達障害者支援法」ができ，「特別支援教育」が始まり，「早期発見・早期対応」が叫ばれる世の中ですが，ではこの社会は発達障害を持つと言われるひとたちにとって，以前より生きやすい社会になっているのでしょうか。そもそも，発達障害を持つと言われるひとたちは，本当に「早期に発見され」「早期に診断され」「早期に支援され」なくてはならないひとたちなのでしょうか。そこに，多様性を排除するこの社会の歪みを感じるのは私だけなのでしょうか。（中略）巷では，さまざまな支援法があふれています。それは一面ではよいことなのでしょう。しかし，逆説的ですが，支援，支援と声高に話されなくなったときこそ，本当に「発達障害」を持つひとを排除しない社会が実現しているのではないか……私を療育機関で育ててくれた数多くの子どもたちの誇り高い顔を思い浮かべながら，そう思うのです。

　私の長い「支援とは何か」をめぐる放浪の旅の中で出会ったのが，今回この本の執筆を共にしてくれたみなさんです。出会いは日本発達心理学会でしたが，彼らの研究や発表は，私の「支援とは何か」の旅に対して確かな足掛かりを与えてくれました。今回，そうした足掛かりを，ぜひ幅広い社会の，とくに発達

障害や自閉スペクトラム症（ASD）の当事者や支援者，関係者に発信したくて，この本を企画しました。

　この本の中核にある「家族の流儀」の概念は，読者のみなさまにどのように受け止められるのでしょうか。読者のみなさまから共感でも疑問でも反論でも，感想やご意見を寄せていただけたら大変ありがたいです。きっと私たちはそのお声を大事にしながら次の一歩を踏み出すと思います。私の，そして私たちの旅はこれからも続きます。

2023年12月

市川 奈緒子

引用文献

白梅学園大学子ども学研究所（編集発行）汐見 稔幸（監修）市川 奈緒子（責任編集）(2014). 発達障害の再考——支援とは？　自立とは？　それぞれの立場で自分にできることを問う——　風鳴舎

目 次

第1章
ASD のある子どもの「家族の流儀」とは何か？

青山 新吾

① ASD のある子どもを育てる「家族の流儀」の芽生え

　自閉スペクトラム症（ASD）のある子どもの「家族の流儀」というテーマは，筆者の臨床における「子育てにおける厳しさとは？」という問題意識から始まりました。

　筆者は，現在大学の教職課程で，インクルーシブ教育を専門としながら，学内の相談室で ASD のある子どもたちや家族との臨床も細々と続けています。大学で勤務するまでは，小学校の現場で主に通級による指導を担当したり，県教委の指導主事として勤務したりしながら生きていました。

　筆者が小学校教員時代の実践を整理し，ライトな筆致で記述したものがあります。2005年に出版した『自閉症の子どもへのコミュニケーション指導——「関係」を育て「暮らし」を支援する』（明治図書出版）です。この書籍で，筆者は初めて「家族の流儀」という言葉を使用して発信しています。その中で，ある保護者からいただいた手紙を紹介して考えを進めているページがあります。その手紙の内容を要約してみます。

　ある小学4年生の ASD のある男の子を育てる保護者は，「指示が聞けること」に力を入れて育てていると述べていました。その具体的な話の1つに「ファミコン（ファミリーコンピューター）のデータを消さないこと」が挙げられ

ていたのです。以前，彼の姉が懸命に積み重ねてきたデータをどうしても消したくて消去してしまったことがあったそうです。このようなことは許されない，ゲームはみんなで楽しくやろうと伝えるべく，「消さない」ことを伝えてきたと言われます。その後その約束（指示）は，守られていましたが，忘れた頃のある日，エンディング寸前まで蓄積されたデータを見事に消したということでした。

その2日後，今度は録音中のCDを止めてしまう「事件」が起きたのです。彼がお気に入りの曲をもう一度聴きたくて止めたというのが真相のようでした。母は，再度彼に説明し，止めてはいけないと伝えたそうです。ファミコンの失敗を繰り返さないよう，今度は彼の行動を止めきろうという気持ちが強かったと手紙には書かれていました。そして，おそらくはあえて別室で用事をされながら，その部屋に彼を残して曲を聴いていらしたところ，先ほど彼が止めてしまった曲は無事に突破しましたが，しばらくして曲が突然止まったといいます。

ここからは原文通り引用します（青山，2005）。

　　「今，何をしたの。止めてはいけない。触ってはいけない。お母さんは言ったよね。」
　　ほっぺをパチンと叩きました。子どもはじっと目を閉じたまま動きません。
　　「何をしたの……。」
　　「……いけません。」
　　怒る母をときどき見ながら返してきます。私は，また取り直しをしなくてはとデッキを見ました。
　　テープが終わっていたのです。子どもが止めたのではなく，テープが終わったから機械が止まったのだということに気づきました。
　　私はよく確かめもせずに，思い込みだけで叱ってしまったのでした。
　　「ごめんね。お母さんがまちがっていた。いたかったね。」
　　そう言ったものの，落ち込んでしまいました。
　　「僕が止めたのではない。」
　　そう言えたら……。

「ちがうよ。」

そう説明できたら……。

社会の中で，こんな誤解はきっとある。そう思ったらまた落ち込みました。

　この家族は，講座等に熱心に通い，ASD の特性についても学んだうえで，「教え方を工夫して教えるべきことは教える」，「してはいけないことは厳しく教える」という子育ての方針をもっていました。そして，昔も今も，こういう方針は誤解を招きやすいわけです。ASD の子どもに「厳しく」するなんて，障害特性の理解がなされていないと言われてみたり，「厳しく」するのはおかしいと批判されてみたりとなる可能性があると考えられるからです。

　当時も今も，筆者はそういった一義的な捉え方に反対です。「厳しく」したかどうかだけを行為で考えようとしても，そこで何が生じていたのか，生じているのかは判断できません。そこには「文脈」が存在しており，その文脈を理解することが必要なのです。

　当時の筆者は，この保護者からの手紙に対して，どの家庭にも，家庭ごとに定められている約束があると述べました。それは明文化されているわけでもないが，各家庭に存在している「流儀」であるとしたのです。

　彼の母親は，このエピソードではちょっと焦ったけれど，全体的には冷静で，息子が状況が理解できずにやっているのか，それともわかっているけれど行動を抑制できずにやっているのかを見極めようとされていました。そのうえで，家族が一緒に暮らすために，家族の「流儀」を教えようとされています。つまり，ここでの母親の行為は，単なる「厳しい」方法という話であるわけではなく，障害のある子どもと一緒に暮らし，生きていくとはどういうことなのかを考えていくために大切な話なのでした。

　家族の流儀を教えることは，家族の一員であることであり，家族が一緒に生きていくことです。そして，状況の見極めや，子どもがわかる方法を選択，工夫すること，そしてその結果として子どもにどのように伝わっているのかについて敏感であることが，当然ながら必要になります。

　ここでの問題意識が，本書の企画につながる発想の始まりでした。

② 修士論文と発達心理学会

(1) 自閉症児の子育てにおける「家族の流儀」

　縁があって現在の大学で勤務するようになりました。そこで，専門としていた特別支援教育と臨床心理学を融合させ，さらに新しい仕事に進むため，臨床心理学を学べる大学院に入学することにしました。放送大学大学院人文学研究科臨床心理学コースに合格できた筆者は，ここまで述べてきた家族の流儀研究を修士論文のテーマとしたのでした。指導教員は小野けい子先生でしたが，筆者の住まいとキャンパスの距離の関係で実質的な指導を森岡正芳先生（現立命館大学，当時は神戸大学大学院）からいただきました。研究テーマは「ある自閉症児の子育てにおける『家族の流儀』について」でした。

　この研究の概要は以下の通りです（青山，2014）。

　　本研究では「家族の流儀」に焦点をあて，筆者が学齢期から療育担当者としてかかわり続けてきた，ある自閉症児のいる家族の「生活」をできるだけリアルに描き出すことで，自閉症児を育てた「家族の流儀」とその意味を説き明かすことを目的としました。「生活」をリアルに描き出すために，母親が綴っていた「連絡帳」の記述を基盤とし，その記述の中から際立った行動変容の見られた場面について，母親への非構造化インタビューと筆者によるメタ的記述を合わせた「生活日誌」を作成しました。「生活日誌」の分析により，大きなしんどさを有していた家族は，療育担当者の筆者の示した指針を基盤に対応方針を立てると同時に，決して子どもを孤立させず，「厳しさ」も含めて「家族の物語」に内包し，一緒に「生活」していくという姿を見せたことが明らかになりました。それは，子どもを自閉症として見つつも，決して自閉症としてだけは見ず，子どもの言動をおもしろがって捉えられるという受け止めの幅の広さを生み出しました。これこそが，まさしくこの家族における子育ての「家族の流儀」であったのです。

　修士論文が完成し，卒業する際に，森岡先生から，

　「これを学会で発表して，これから一緒に研究を進められる仲間を探すと良いね」

という言葉をかけてもらいました。これは，筆者がまだ20代だった頃に指導を受けていた故大石益男先生から，

　「青ちゃん，この仕事（今で言う特別支援教育）は仲間づくりなんだ」

と何度も言われた言葉と重なるものでした。

(2)　日本発達心理学会ラウンドテーブルの企画

　大学院を卒業した筆者は，この研究の「主戦場」を発達心理学会と決めました。特別支援系の学会よりも，専門の異なる仲間に出会えるのではないかという一種の勘でした。盟友の久保山茂樹氏に相談し，ラウンドテーブルの共同企画者になってもらいました。氏には，いつもこのようなかたちで支え続けてもらっており，感謝しかありません。そして，2014年度の日本発達心理学会第26回大会において「自閉症の子どもの子育てに『家族の流儀』はどのように影響するのか」という演題で，第1回のラウンドテーブルを企画したのでした。その目的は，自閉症の障害特性と「家庭の流儀」とはどう影響し合い，自閉症のある子どもへの子育てがなされているのかについて，報告と議論を通して一緒に考えたいというものでした。筆者の修士論文の概要を報告して，参加者から，何かしらの反応を得られればという思いでの企画でした。

　正直に言えば，第1回のラウンドテーブルの企画に，いったい何人の方が来てくれるのかという不安が大きかったのを覚えています。これまで発達心理学会を「主戦場」としていない筆者と久保山氏だったからです。参加者が2，3人ということもあり得る話だと考えていたのですが，実際には10人以上の方が参加してくださいました。その中で，フロアから発言してくれたのが，本書の編者の一人でもある市川奈緒子氏でした。あのとき，もし市川氏がラウンドテーブルに参加していなかったら，もし発言がなかったら，本書の発刊はなかったのではと思えます。

　「仲間づくりのためには，足を動かして声を出そう」。これは，よく考えてみれば，筆者が20代だった頃に，師である故片倉信夫先生から教わった教訓と重なっています。片倉先生は，若手のプロに対して「とにかく動け，声を出せ」というシンプルな指針を述べていたのでした。おそろしくシンプルな指針ですが，何か物事を成すときに，まず最初にすべきことには共通性があるのかもしれません。

　ということで，今度は日本質的心理学会の大会に参加していろいろな方の発表を聴いていたところ，1本の魅力的な発表に出会いました。沼田あや子氏の「発達障害児の母親の語りの中に見る家族をつなぐ実践」でした。日常生活の小さな具体的な事象を意味付け，家族の中で母親がどのように生きているのかを描き出そうとする研究は，まさしく「家族の流儀」の追究だと思いました。この出会いをきっかけに，沼田氏が家族の流儀の研究メンバーに加わってくださり現在に至っています。あのとき，質的心理学会に参加してよかったと思います。お声をかけたとき，真摯に対応してくださった沼田氏には感謝しかありません。さらに，久保山氏の知人であった勝浦眞仁氏にお願いしたところラウンドテーブルへの参加について快諾を得，研究メンバーに加わりました。氏は本書の編者の一人であり，いつも丁寧な質的研究で支えてくださっています。

　第1回の企画以降に仲間が3人増えたことで，一年後に第2回ラウンドテーブルを企画しました。第1回では，「家族の流儀」の存在とその内容，およびその生成プロセスや影響を及ぼした要因など，今後の追究課題となる視点が多数浮かび上がりました。そこで，その議論を踏まえて第2回も継続して企画することで，自閉症児の子育てに影響している「家族の流儀」の内容とその意味について迫っていこうと考えたのです。

　この企画で冒頭に「家族の流儀」とは何かを示す必要性を感じ，作成したスライドが図1-1です。

　第2回のラウンドテーブルにおいては，「家族の流儀」の定義を明確にしていません。大まかに図1-1のように考えたうえで，沼田氏から「発達障害児の母親の語りの中に見る家族をつなぐ実践」，筆者から「ある自閉症児の子育てにおける『家族の流儀』について・2」の話題提供を行ったのでした。

図1-1　家族の流儀の構成要素

(3) 「家族の流儀」研究の論点

　第2回のラウンドテーブルでは，「家族の流儀」そのものの定義は未確立ながらも，それぞれの家族に有する子育ての個別性であるとは言えるという前提で，いくつかの論点が浮かび上がりました。

　まずは「家族の流儀」をもてない家族の存在です。これは，その家族が，社会のドミナント・ストーリーに縛られている結果であるとも推察できました。また，「家族の流儀」と「障害受容」の関係についての指摘もなされました。それぞれの家族が，「障害」というものをどのように人生の中に組み込んで生きていくのかということが「家族の流儀」を生成していくという可能性が示唆されたのです。ラウンドテーブルのメンバーからはその生成過程において，臨床家の姿勢や考え方が影響しているという指摘もなされました。また，本研究を進めるうえで，研究者が言語化しても検討内容から落ちてしまったり，本音の部分をすくいとっていけなかったりする部分をどのように研究として扱っていくのかという方法論に関する指摘もありました。以上のことから，本研究の

論点として,

　①「家族の流儀」とは何か
　②「家族の流儀」の生成過程
　③「家族の流儀」発見の意味
　④「家族の流儀」をもてないことの意味
　⑤研究方法論の吟味

の5つを抽出したのです。

(4) 「家族の流儀」の議論の進展

　第3回のラウンドテーブルでは,先述の5つの論点を踏まえ,沼田氏による「発達障害児の母親の迷いに向き合う——母親との対話から探る支援の在り方」と勝浦氏による「揺れから考える家族の流儀」の2本の話題提供を行いました。沼田氏は「迷い続けるのは当然である」という前提のもと,迷い続ける母親に支援者はどういう存在であればよいのかということを探求していると述べました。また勝浦氏は,自閉症のある子どもをもつ保護者の抱える「揺れ」に着目し,揺れるからこそ生まれてくる家族の流儀について議論したいと述べました。つまり,両者ともに保護者の子育てにおける「迷い」や「揺れ」は前提であるとした上で,そこから「家族の流儀」とその支援についての話題提供がなされたと言えます。同時に,指定討論者からは,「迷い」と「揺れ」は保護者,家族だけではなく支援者にとっても重要なものであるという指摘が続きました。これは重要な指摘でしたが,支援者の揺れと「家族の流儀」の関係性には言及できなかったという課題も生じたラウンドとなりました。

　なお,第3回のラウンドテーブルでフロアから発言してくれた山崎徳子氏がこの後,研究の仲間に加わることになりました。山崎氏は,長期にわたるASD本人や家族とのつきあいを踏まえた研究を行っている方であり,『家族の流儀』研究に厚みを加えてくれることとなったのでした。

　第4回のラウンドテーブルでは,新しい仲間である山崎氏と久保山氏からの

話題提供をもとに，家族にとって，そして支援者にとっての迷いと揺れについて，さらに議論を深めることを目的としました。久保山氏からは「この子と生きる家庭作りへの支援──早期発見ではなく早期出会いを目指して」，山崎氏からは「20年遅れの後追い──大人になった自閉症のある人　間主観的なつながり」の話題提供がありました。山崎氏の語りでは，ご自身が関わってこられた桃さん（仮名）親子について触れられました。20歳になり娘の桃さんが就労を機に自宅を離れ，平日はグループホームで生活するようになったことを，大方の人が「まだいいのに」と思う中，母親は迷いぬいてこの決断をしたと語られました。「私，この20年で桃に一番求められているかも」と言われた母親の言葉の意味など，母娘に起きたことについての考察が成されました。この話題提供から，単なる家族の「揺れ」の確認ではなく，その「揺れ」の人生における意味が浮かび上がってきたと言えました。また，その「揺れ」の意味を読み解くには，単なる行為の確認ではなく，親子の間に起きたことを間主観的に検討する必要性が提起されたとも考えられました。

　第5回のラウンドテーブルでは，「家族の流儀」の意味とその生成過程，そこに関わる専門家の在り方に立ち戻って議論を展開しようと試みました。これは，前回の議論で，支援者側の「揺れ」に言及されたことと関わって，本研究では「家族の流儀」に関わる支援者の在り方に焦点化した検討を行おうとする調整であったとも言えます。今回は，勝浦氏から「わが子らしさを巡る両親の語り──子ども園でのエピソードから」と題した話題提供がありました。その中で，勝浦氏は，むしろ私たちが着目すべきは，自閉症であることの受容ではなく，保護者がわが子の「らしい姿」を子育ての中でいかに見出し，そこにどのような意味づけがなされてきたのかではなかろうか。保護者が「わが子らしさ」をいかに見出し，受け止めてきたのかを丁寧に探っていくことが，本ラウンドのテーマである「家族の流儀」の意味に迫っていくことにつながると主張されたのです。これは，本研究の最初の問題提起を行った青山（2014）が結論として述べた，決して子どもを孤立させず，「厳しさ」も含めて「家族の物語」に内包し，一緒に「生活」していくという姿を見せたこと，それは，子どもを自閉症として見つつも，決して自閉症としてだけは見ず，子どもの言動をおもしろがって捉えられるという受け止めの幅の広さを生み出したこと，これ

こそが，まさしくこの家族における子育ての「家族の流儀」であったことと大きく重なる提起であったと考えられました。青山が示した，子どもの言動をおもしろがって捉えられるという受け止めの幅の広さを，勝浦氏が「わが子らしさ」と表現し，よりクリアなかたちで示したラウンドであったのです。

　第6回のラウンドテーブルは，受け入れ難い家族の流儀は存在するのかをテーマとしました。これは，前回のラウンドテーブルで，フロアから出されたリアルな語りの中で「受け入れ難い家族の流儀の存在」が述べられたことがきっかけでした。そもそも「家族の流儀」は子育てにおける家族それぞれの独自性，個別性の重要さを主張するものです。しかし，支援者として，本当にどのような子育ての個別性も受け入れることができるのかという提起を得たのは重要なことでした。そこで，この指摘を踏まえ，今回は「家族の流儀」の限界性について議論を展開しようと考えたのでした。

　沼田氏，山崎氏と筆者から話題提供を行い議論を深める構想でしたが，これは叶いませんでした。新型コロナウイルス感染症の猛威がわが国を襲い，このラウンドテーブルは誌上発表となったからです。発表実績は残ったものの，実質的な議論は行えず「幻のラウンドテーブル」となりました。これ以後，このテーマを扱うことができていませんが，このテーマは必ず正対すべきものです。限界の議論がなき主張は危険だからです。

　第7回のラウンドテーブルは，オンライン開催でした。ここでは，コロナ禍において多忙を極める各メンバーが，今一度「家族の流儀」と自分自身のスタンスを自由に語るという企画としました。率直に言えば，研究としては一休止，コロナ禍でオンライン上でもメンバーが顔を合わせ，根幹の大切なものを確認し合う時間とでも表現したくなる企画であったと思います。

　第8回のラウンドテーブルも，前回同様のオンライン開催でした。今回は，再度「わが子らしさ」の重要性をテーマに勝浦氏から「自閉症のある子どもを育てる親の well-being と『家族の流儀』」の話題提供がありました。これは保護者が，特に子どもの保育場面で「わが子らしさ」をどのように見つけていくのか，それは子育てにおいてどのように影響していくのかについて検討していくものでした。

　そして，久々の対面開催となった第9回のラウンドテーブルは，仕事上の都

合からこれまで企画を担ってきた久保山氏，青山から，市川氏，勝浦氏へと企画者を交代しての新たなスタートとなりました。その企画趣旨の中で，「『支援する側─される側』という固定的な関係性を超えて，家族と共にある関係性を生きるにはどうすればよいのかと試行錯誤してきた家族との動態的な関係性に身を置く支援者は，どのような人間観に支えられているのであろうか」という一節がありました。つまり「家族の流儀」を大切に仕事をしようとする支援者の基盤となる人間観を問うていこうとする企画となったわけです。

　本稿では紙数の都合で掲載できませんが，筆者自身の臨床観に大きな影響を及ぼした片倉先生，大石先生と自分自身の臨床の関係については内省する価値があると考えています。第 9 回のテーマはまさに支援者の臨床観を問う斬り口であり，本研究において落とせない論点ではないでしょうか。

　以上，ASD のある子どもの「家族の流儀」とは何かについて，発達心理学会で企画してきた 9 回のラウンドテーブルを振り返るかたちで述べました。

　第 2 章では，家族の流儀の生成過程とその意味，保護者の揺れと迷い，わが子らしさ，人生の長いスパンでの家族の流儀等，ここまで述べてきた本研究の論点が具体的に論じられていくこととなります。

文献

青山 新吾（2005）．自閉症の子どもへのコミュニケーション指導──「関係」を育て「暮らし」を支援する──　明治図書出版

青山 新吾（2014）．ある自閉症児の子育てにおける「家族の流儀」について　放送大学大学院人文学研究科臨床心理学コース修士論文

青山 新吾（2016）．厳しく自閉症児を育てたと話す家族の子育てにおける「家族の流儀」の検討──「連絡帳」の活用──　ノートルダム清心女子大学紀要 人間生活学・児童学・食品栄養学編，*40*(1)，1-12．

第2章
家族支援における「家族の流儀」をめぐって

[1] ASD のある子どもの家族支援のこれまで

勝浦 眞仁

　ASD をはじめとして，障害児支援において家族支援が重視されています。子育てに不安やストレスを抱えている保護者のいる場合には，できるだけ早い段階での精神面でのケアやカウンセリングの実施が望まれるとともに，保護者の子どもの育ちを支える力を向上させることなどが目指されるようになりました（厚生労働省障害児支援の在り方に関する検討会，2014）。

　こういった方向性が打ち出された背景には，保護者に早期からの障害受容・認識が求められてきたことと，ASD のある子どもの共同療育者として保護者が位置づけられてきたことの2つがあると考えられます。しかし，これら2つの軸となってきた方向性が，真に ASD のある子どもの家族を支えることにつながってきたのかどうかを問う必要はないでしょうか。

　ASD のある子どもの家族支援の現状に対する問題意識をみなさんと共有し，第2章以降の「家族の流儀」の議論をより深く理解していくために，ASD のある子どもの家族支援がこれまでどのようになされてきたのか，その概要を本稿では提示することとします。

　なお，家族には保護者（母親・父親）だけでなく，きょうだいや祖父母等も

含まれており，その支援も重要であることはいうまでもありませんが，本稿では，ASD のある子どもを育てる保護者（以下，親と表記します）に対する家族支援に焦点を絞ることとします。

① ASD の受容と早期発見・早期支援を巡って

(1)　親の障害受容の過程

　親の障害受容の過程は，障害の種別や程度，また各家族の状況や文化によって異なってくると考えられますが，これまで大きくは 3 つの仮説が提唱されてきました（中田，2016）。

　1 つ目は，先天的な奇形をもった子どもの親の感情的変化を示したドローター（Droter, D. D）らの段階的モデルです。ショック・否認・悲しみと怒り・適応・再起の 5 段階に分けられ，障害がわかった後のショック状態から再起へと直線的に向かうとされています。

　2 つ目は，オーシャンスキー（Olshansky, S.）の親の慢性的悲哀（悲嘆）説です。知的障害児の臨床経験から，親の内面には常に悲哀感があり，その感情の潜在化と顕在化が繰り返される状態にあるとしています。この状態は自然な感情的反応であり，病的なものではないため，専門家が悲哀を乗り越えるように励ますことは，かえって家族の適応を困難にするとされます。

　3 つ目は，中田の障害の認識と受容の螺旋型モデルです。上記 2 つの仮説を統合したもので，親の内面には障害の肯定と否定の 2 つの感情が共存しているとしています。そして，親の障害受容の過程は，受容に向けて直線的に向かうのではなく，障害に対する肯定と否定の感情が繰り返される中で，螺旋状に緩やかに障害の受容が進んでいくとされています。

　これら 3 つの仮説は，障害受容過程として広く知られているものです。これらのどれが正しいのかを問うよりも大切にしたいのは，障害のある子どもを育てる親が心理的に揺れ動いている状態を生きているということであり，支援者が理解しておくべきところです。

　ここまで紹介した3つの仮説は，肢体不自由や知的障害など目に見えやすい障害に関するものでした。一方で，子どもにASDをはじめ発達障害があるとわかったときの親の障害受容は，諸仮説とは異なる過程を経過すると考えられます。というのも，生まれたときから子どもにASDがあるとわかっている親はほぼいないからです。わが子を育てていく中で親自身が何らかの育てにくさを子どもに感じたり，きょうだいや同じクラスの周囲の子どもの育ちを知る中でわが子の様子に違和感をもったりするなど，さまざまな契機からASDの面があることに漠然と親は気づき始めます。

　ASDの子どもを育てる親の障害受容モデルとして，桑田・神尾（2004）は，障害受容の段階は，ショックや否認ではなく不安から始まると述べています。また，山根（2010）は，高機能ASD児の養育者を対象とした面接調査を通して，障害認識の過程モデルを提唱しています。そこでは，ASDのわかる前から子どもの障害を疑う不安とその打ち消しを繰り返していることや，ASDがわかった後も，わが子にASDがあることの受け入れと受け止めきれなさを繰り返していることなど，障害認識の揺れと安定との間で，行きつ戻りつ進んでいくことが示唆されています。

　ASDの特性が外見からはわかりにくい面があるとともに，状況によっては個性の範疇で受け止めることのできる子どもの姿も見られます。それゆえ，ASDのある子どもを育てる親の障害受容の過程においては，障害の肯定と否定が共存する葛藤のより生じやすい状況があると考えられます。さらに，こういった状況が続いていくと，親は養育ストレスの高い状態に置かれることになります。

　そこで，親が抱える不安やストレスを和らげていくために，ASDなどの発達障害を早期に発見し，できるだけ早く支援へと導いていこうとする枠組みが提唱され，広がってきました。次項では，この早期発見・早期支援の枠組みについて批判的に検討することとします。

(2) 早期発見・早期支援の批判的検討

　ASDのある子どもを育てる親の中には，わが子にASDのあることがわか

ったとき，「なぜこうなってしまったのだろう？」「防ぐことはできなかったのか？」と，その原因や理由を自問自答し，自身を責めてしまうケースがあります。ASDの特性を子どもがもっていることの原因や理由のすべてが親にあるわけでは決してないのですが，子どもを育てる責任を強く感じている場合もあります。

　わが子に関する一切を抱え込んでしまっている親や，障害の肯定・否定が共存する葛藤を感じている親をできるだけ早い段階から支えていくことが支援者をはじめ，周囲の人たちに求められます。さらに，予防的観点から1歳半健診や3歳児健診等の乳幼児健診で，子どもの発達の遅れや偏りを早期の段階から発見し，早期から適切な支援につなげていこうとする動向が，近年顕著にみられます。

　こういった動向の背景には，発達障害者支援法において国の責務として，早期発見・早期支援が明記されたことがあります。さらに，発達障害のある子どもは，早期から発達段階に応じた一貫した支援を行っていくことが重要であり，早期発見・早期支援の対応の必要性は極めて高いとされています。

　このように，早期発見・早期支援の考え方は，ASDのある子どもを育てる親の支援において効果的であるとされており，ASDのある子どもを養育することに難しさを感じる親や，社会の無理解に対して困惑している親，生活が制限されている状況にある家族がいるならば，できるだけ早くサポートをしていくことによって，親の不安やストレスを多少なりとも和らげる方向にもっていくことはとても重要なことといえます。子どもに何らかの育てにくさを感じていて，健診等で発達上の課題を指摘されたことによって，サポートの必要性を認識する親もいます。

　一方で，早期発見・早期支援に戸惑いを覚える親の声を聞くことがあります。育児に大きな問題を感じることがないまま子どもとの生活を営んでいたものの，健診等で発達の遅れや偏りを指摘され，児童発達支援センター等で相談するように指示され，子どもには療育を勧められるという一連の流れについていけないと感じるとのことでした。

　実際，診断は早期であればあるほど不確実性が高く，乳幼児期では発達障害の可能性はあるものの，確定診断がつきにくい子どもの割合が多いのが現状で

す。また，保健師や保育の担当者等が発達障害の可能性に気づいても適切に判断することは難しいとともに，年少であればあるほど保護者にとっては，障害受容が困難な時期でもあります。(1)で述べたように，ASDのある子どもを育てる親は，その特性をすんなりと受け入れているわけではないのです。

　そういった状況がある中で，子どもの課題や障害特性とされる面をスクリーニングし，できるだけ早期に「発見」しようとすることに主眼が置かれた支援がなされています。しかし，支援者は「発見」しようとする眼差しを子どもに向けてしまってよいのでしょうか。この「発見」しようという眼差しは，「査定」されているということの裏返しでもあり，育児について親にプレッシャーを感じさせることになります。

　また，子どもの障害のあるなしに限らず，子育て支援はどの親にとっても，現在，強く求められていることです。その観点からすれば，必要とするサポートを必要とされるところまで提供できる体制のある支援の方が親の安心につながると考えられます。それは，支援が「早期」かどうかを問うことよりも重要です。もちろん，親を支援の場とつなげたり，親に情報提供を行ったりするといったアプローチを支援者からすることもありますし，それを早期に行わなければならない場合もあります。しかし，障害のある子どもを育てる親に対してのみ，過度に「早期」の支援を強調することは，親や子どもに対して，社会との分離，生きにくさを暗示することになっていないでしょうか。

　ここまでの議論から，早期発見・早期支援の必要性があることは認められるものの，支援者がその枠組みに囚われすぎてしまったとき，ASDのある子どもとその家族に不安やプレッシャーを与えかねないことも心得ておかねばならないことがわかります。むしろ大事にすべきは，ASDがあるかどうかを「発見」しようという眼差しではなく，そのあるがままの子どもと「出会う」ことではないでしょうか。

　ASDをはじめとして発達障害のある子どもを育てる親に対しては，障害受容を踏まえた早期発見・早期支援の必要はあるものの，それゆえに「家族の流儀」が尊重されない現状になっていないでしょうか。ここに本書の問題意識の1つがあります。

② ASDのある子どもを育てる親を共同療育者とする支援のあり方

①では，早期支援が求められている現状について述べてきましたが，具体的にはどのような支援がなされているのでしょうか。現在，その最も代表的なものが，ペアレントトレーニング（以下，ペアトレと表記します）およびペアレントメンター（以下，メンターと表記します）であると考えられます。本節では，ペアトレやメンターをはじめとした親を共同療育者とする支援のあり方について考えていくこととしましょう。

(1) ペアトレ，メンターによる支援と違和感

ペアトレとは，発達障害のある子どもを育てる親をメインの対象としたアプローチで，自分の子どもの行動を冷静に観察して特徴を理解し，環境調整や子どもへの肯定的な働きかけ，発達障害の特性を踏まえたほめ方や叱り方等を学んでいきます。これにより，子どもの問題行動を減少させ，適切な行動の促進を図ることを目指します。さらに，同じ悩みをもつ親同士によるグループワークやホームワークを通して実践するものであるため，ピアカウンセリングの効果があると考えられ，親の孤立感を和らげ，心理的なストレスの改善につながるとされます。

具体的には，子どものよいところを探しほめることや，問題となる行動を「好ましい行動」「好ましくない行動」「許しがたい行動」の3つに整理し，それぞれの行動に対する対応方法を学んでいくこと，適切な行動を子どもに促すために，苛立ちや怒りといった否定的な感情を抑えおだやかに（C：Calm），子どもの近くに行き（C：Close），落ち着いた静かな声で（Q：Quiet），子どもにわかりやすい指示をする，いわゆるCCQをキーワードとする関わり方などを学びます。ペアトレにはいくつかのプログラムがありますが，トレーナーには専門知識が要求され，専門家や習熟した職員によって実施されます。

このペアトレへの導入として，地域での普及を図るために開発された，より簡易なプログラムであるペアレントプログラム（以下，ペアプロと表記しま

す）もあります。ペアプロは，発達障害やその傾向の有無にかかわらず有効とされており，子どもの行動修正までは目指さず，「保護者の認知を肯定的に修正すること」に焦点が当てられています。

これらペアプロ，ペアトレというプログラムに加えて，メンターによる支援が行われています。メンターとは，発達障害のある子どもの子育て経験のある保護者が，その育児経験を生かし，子どもが発達障害の診断を受けて間もない保護者などに対して相談や助言を行う人のことを指します。

診断を受けた後に悲しみを感じている親や，支援を受けるまでの順番待ちをしている間に不安を感じている親などに対して，メンターは自身の経験を共有するとともに，必要な情報を提供することが求められます。さらに，メンターの特徴として，同じ親としての共感性が高く表れることや当事者視点の情報提供がなされていることが挙げられます。

ここまで，ASDのある子どもを育てる親への具体的な支援方法について述べてきました。これらにより，親が子育てに対して前向きになるエビデンスは多くあがっており，1つの有効な手立てとはいえるでしょう。一方で，こういったプログラムを実施していく支援に対する違和感もいわれてきました。それは，親を共同療育者としてみる枠組みであり，専門家に準じる立場を親に背負わせてよいのかという問題です。次節では，その点について検討していくこととします。

(2) 共同療育者としての親であってよいのか

乳幼児健診の制度化や障害の早期発見・早期支援が浸透していく中で，親が子どもの発達を支援する共同療育者として位置づけられるようになってきました。親が子どもの障害を適切に認識し，子どもに適切に働きかけることが求められ，それは障害のある子どもの発達の促進につながるとされてきました。また，子どもの問題行動を減らすことが，同時に保護者のストレスを減らすことにもつながるという考えもありました。

親を共同療育者とする考え方が生まれた背景には，ASDをはじめとして，親が子どもの障害の原因とされていた時代からの転回があったと考えられます。

親が治療や教育の資源と考えられるようになり，子どもに積極的な関わりを行うという位置づけを得ることで，親の心理的負担は軽減されることとなりました。

　さらに，親を共同療育者として位置づける流れを加速させたのは，TEACCH（Treatment and Education of Autistic and related Communication handicapped Children）プログラムでした。アメリカのノースカロライナ州で実践されたプログラムで，日本でも構造化・視覚化というかたちで ASD 支援において広く普及しています。

　その基本的な理念の1つに家族との協力関係があげられており，親と支援者とがパートナーシップを築き，親の意見や希望を聞き，プログラムに取り入れながら支援を進めていくことが述べられています。これにより，コミュニケーションを向上させるためのスキルなど，子どもと関わるための特別な手立てを親も身につけることが求められるようになりました。家庭生活の場においても ASD のある子どもに対する援助を行っていくことで，家族が抱えているストレスや葛藤の軽減に取り組み，発達を促していくことによって，親子関係を改善していこうとしていたのでした。

　そして，親を共同療育者にしようとする流れの中で，(2)で紹介したペアトレやペアプロ，メンターといったプログラムが生まれ，支援の主流になってきたと考えられます。

　しかし，ASD のある子どもを育てる親が共同療育者という役割を担うという議論は慎重に進めていく必要があります。ASD だけに限りませんが，障害のある子どもの世話をすることや療育に参加することは，その子の親が担うべき役割であるという暗黙の社会の風潮がないでしょうか（夏堀，2003）。共同療育者という枠組みには，その特別の役割が前提となっている面があり，注意を要するところです。

　親はそもそも療育者や支援者ではなく，その前にまずわが子の親であることを尊重すべきと考えます。昨今，放課後等デイサービスやレスパイトの支援など，家族の精神的および身体的疲労の軽減を図る支援もなされるようになってきました。共同療育者として親を位置づけるがために，その子にずっと寄り添わなくてはいけないという役割を親にこれまで求めすぎていなかったでしょう

か。また，子どもの共同療育者として子どものために望ましい親役割をこなしていくことを社会が要請してきたために，その役割規範を身につけていくことが親の課題になっていなかったでしょうか。

　親を共同療育者とする枠組みは，ASD のある子どもの適切な発達に必要な支援やサービスを提供することを通して，親の障害受容を促し，ストレスの軽減を目指すという大きな流れ，いわばドミナント・ストーリーに親を巻き込んでいってしまう面があります。その流れに巻き込まれてしまったために，わが子とどのように共にあろうとしているのか，親としてわが子と向き合う個別具体のオルタナティブ・ストーリーがすくいとれなくなってしまっている現状があるのです。共同療育者ではない，それぞれの親や家族ならではの生き方に迫り切れていない。本書の問題意識の 2 つ目がここにあります。

③ 「この子の親」として共にあること

　本稿では，ASD のある子どもを育てる家族支援のこれまでを振り返りながら，「家族の流儀」を尊重した支援でなくてはならないと私たちが考えるに至った 2 つの問題意識について述べてきました。1 つには，障害受容を踏まえた早期発見・早期支援が親に求められてしまうこと。もう 1 つには，親に共同療育者という位置づけを求める社会の暗黙の要請があること。これら 2 つの障壁が，「家族の流儀」が尊重されにくい状況を生み出しています。

　では，「家族の流儀」が尊重される支援とはどのようなものなのでしょうか。勝浦（2020）において，障害のある子どもをもつ親の内面には 2 つの心性があることを指摘しました。1 つには「障害児の親」としての心性があり，わが子に障害のあることを受容し，その状態に適応しようとしている面です。もう 1 つは，障害があろうとなかろうと「この子の親」としてわが子を受け止めようとする親の心性があることであり，わが子をわが子として当たり前に捉えて日常生活を送っている面です。

　この 2 つの心性はいずれか一方のみが表れるというものではなく，ASD のある子どもを育てる親の内面に同時並行的に存在するものといえます。櫻井

（2020）が述べているように，子どもに適切なケアが必要とみなすことは，いまの子どものありようを否定することになる一方で，いまの子どものありようを肯定することは早期支援を主流とする流れから離れることとなり，親としての役割を果たしていないのではないかと，自分を否定する面が生じているからです。「障害児の親」としてありつつ，「この子の親」であるという両面の心性の折り合いをどのようにつけていくのかが「家族の流儀」として尊重されるべき観点になると考えられます。

　本稿で述べてきた現在主流の家族支援は，前者の「障害児の親」としての心性に対応したものでした。しかし，これまでの支援においては，この「障害児の親」としての面に偏りすぎてしまい，「この子の親」としての面が十分に描き出されてこなかったために，「家族の流儀」を尊重した支援といえるのかどうかが明らかではありません。

　本書の執筆者たちによって描かれ，議論される「家族の流儀」を通して，それぞれの家族の多様なあり方から学ぶことが多くあることと，「この子の親」であるという実感が ASD のある子どもを育てる親の子育てに欠かせないことを改めて認識する契機になればと思います。

文献

勝浦　眞仁（2020）．障害のある子どもをもつ親の揺れ動く心性を探る──園のエピソードを両親と語ることを通して──　保育学研究, *58*（2・3）, 167-178.

厚生労働省障害児支援の在り方に関する検討会（2014）．今後の障害児支援の在り方について（報告書）〜「発達支援」が必要な子どもの支援はどうあるべきか〜

桑田　左絵・神尾　陽子（2004）．発達障害児をもつ親の障害受容過程──文献的検討から──　児童青年精神医学とその近接領域, *45*(4), 325-343.

夏堀　摂（2003）．障害児の「親の障害受容」研究の批判的検討　社会福祉学, *44*(1), 23-33.

中田　洋二郎（2016）．子どもの育ちを支える家族への支援　保護者ときょうだいへの支援のあり方．下山　晴彦・村瀬　嘉代子・森岡　正芳（編著）必携 発達障害支援ハンドブック（pp.285-289）　金剛出版

櫻井　未央（2020）．語りのネガティビティに耐え，眺め続けること　質的心理学フォーラム*12*, 79-82.

山根 隆宏 (2010). 高機能広汎性発達障害児・者の母親の障害認識過程に関する質的検討　家庭教育研究所紀要, *32*, 61-73.

［2］「療育」とは何を支援することなのか
――療育における「家族の流儀」の意味

市川 奈緒子

　本稿では，「家族の流儀」という概念の周りに広がる臨床観を柱としながら，療育の中で目指すべき家族支援の在り方について再考したいと考えています。なお，本稿での「療育」とは，より広い意味で使われることの多い「発達支援」のうち，乳幼児期の子どもたちが通所で利用する児童発達支援の現場（児童発達支援センターないしは事業所等）におけるものとして論を展開していきます。

① 療育における家族支援

(1) 乳幼児期の子どもを抱えた家族

　乳幼児期の発達支援を担う療育には，ほかの時期にはない，保護者および家族の支援のニーズが存在します。

　第一に，まだ家族や親子としてスタートしたばかりであるということ。本来，子どもを授かり，親は親としての成長発達を始め，夫婦は子どもをかすがいとしながら，また新たな夫婦関係を築いていく時期です。第二子，三子であるなら，きょうだい関係の始まりでもあります。親子として，夫婦として，家族として，大きな変換点そして再スタートを迎え，協力して新たな家族としての在り方を模索していく時期に，子どもの障害が認識される，または疑われるという事態が加わってくるのです。

　第二に，子ども自身がまだ幼いために保護者が子どもの成長発達の土台を形作り，また保育園・幼稚園等の環境の選択権も実質的に保護者にあるというこ

と。子どもの成長発達の鍵は何といっても保護者がもっており，同時に子どもの権利の代弁者としても保護者が機能しなければならないということは，その子の親として歩き出したばかりの保護者にとっては大変な課題になってきます。

　第一と第二は，子どもにどのような障害があっても共通のものですが，第三は，ASD を含む発達障害の子ならではのものです。見た目では，子どものもつ発達的な特性はわかりづらいですし，はた目には育て方の問題に見えてしまうことも多いものです。ですから保護者は子どもの行動やしつけがうまくいかないことを，少なからず自分のせいにして，自責感を抱えていることが非常に多く見られます。のみならず，周りから子育てに関して責められるという経験をもつ保護者も多く，療育現場にたどり着いた頃には，傷つき疲れ果てているという人も少なくありません。

　筆者が以前ある自治体の発達支援機関で出会った，ASD と知的障害のある2歳の子どもの母親は，疲れ果てたという顔は見せずに，むしろ他人事のようにわが子のことを話す人でした。そのビジネスライクに見える表情に，母としての大きな傷つきを感じた筆者は，母親に，筆者と子どもとの付き合い方を見てもらうことにしました。実際，言葉はなく，視線も合わず，一人でうろうろしているように見える子どもとどのように付き合ってよいか，母親は悩んでいたに違いありません。子どもが四つ這いになって，テーブルの下を潜り抜けているのを，筆者がひたすら真似をしているうちに，子どもは思わず筆者を振り返ってニヤッとしたのです。その表情を見て母親の顔が変わりました。筆者は，母親にミラリング[注1]という子どもとの付き合い方を説明して，その日は帰ってもらったのですが，3か月後に会った母親はがらりと変化していました。初めて笑顔を見せ，「教わった通りにひたすら子どもの真似をしていたら，子どもがとてもうれしそうな顔をするようになりました。私もこの子の母親になれると思いました」と母親は述懐していました。つまり，最初に来た時には，自分が子どもの母親としてやっていけていない，これからもやっていけないのではないかと不安の中でいっぱいだったのだと思います。

　こうしたことは療育の中では時折出会うことで，「この子は私のことなんか，母だと思っていませんから」という発言をした母親や，非常に愛情深く育てながらも「この子と私との間にはどうしても払いのけられない透明な厚い膜があ

ります」と筆者に手紙を書いてきた母親を思い出します。そうしたわが子との違和感，親としての不全感を抱えた保護者が，第二に述べたような子どもの権利を代弁していかなければならないという事態は，どれだけ保護者にとって困難であろうかと思います。

　また，こうした困難が，適切な支援が入らないときに虐待に結びついてしまったり，保護者のメンタルな問題を引き起こしてしまったりすることもよく知られています。

　第四に，発達障害においてはとくに，一次的な行動の特性が乳幼児期に強く出がちであるという育児上の大変さもあります。たとえば，コミュニケーションの取りづらさ，多動傾向，覚醒レベルの調整の不調からくる興奮状態や生活リズムの整えにくさ，感覚過敏からくる場面や活動への抵抗・パニック，きわめて強い偏食等，枚挙にいとまがないほどです。それらが育児を大変にストレスフルにし，保護者や家族を疲弊させてしまうだけではなく，その原因がわかりにくく，したがって対処方法も見つけ出しづらいのです。

　第五に，乳幼児期の子どもの保護者が就学をゴールに立てがちになるということも乳幼児期の保護者と家族の支援を考えるうえで忘れてはならないことです。一般には，療育を選んで通い始めた保護者は，子どもの障害を認めているとみなされがちですし，一概にそれは間違いとも言い切れません。しかし，療育に通う多くの保護者に，「子どもを治すため，子どもを少しでも『普通の子ども』に近づけるため，ひいては通常学級に通えるようにするために通う」という思いが多かれ少なかれあるように思います。そしてそれは「親のエゴ」なんかでは決してありません。それは，この社会の中に空気のように存在する「障害」への負の評価，つまり，ない方がよく，あると「社会で『普通に』生活したり『普通の』人生を送れなくなるように思わせてしまう社会の価値観」の中で「普通に」育ってきた保護者の，この社会からわが子が排除されないための，やむにやまれぬ切実な願いなのではないかと思われます。

　最後に，これは第一から第五のすべての要因に関わってくることですが，乳幼児期の保護者支援は，保護者の障害受容の支援という側面をもつということです。これはよく指摘されることでありながらも，筆者としては「障害受容」という言葉や概念を軽々には使えないものと考えています。障害受容を扱った

理論の中でも，オーシャンスキー（Olshansky, S.）は，障害受容の段階モデルに示されているような，段階を踏んでいずれは障害受容に至るというような過程ではなく，親は慢性的に悲哀を抱えており，対応する人間がそれを親としての正常な反応として扱うことが大事だと述べています（中田，2009）。

　実際に筆者は，知的障害とASDのある30代の息子をもつ父親が，「いまだにうちの子には障害がなかったんだという夢を見て喜んで目を覚まし，夢だったと涙することがある」と話すのを聞いたことがあります。そして，これはその父親自身の個人的な思いや経験などでは決してなく，社会がこの父親を含めた親を追い詰めていっているとも考えられます。日本は，旧優生保護法という，明らかな人権侵害の法律を1996年まで廃止しなかった国です。現在でも，障害者施設が近所に建つことへの反対運動が当たり前にある国，つまり社会の中に差別が厳然として存在する国であることを忘れてはならないと思います。就園就学で障害があるということが大きな壁になっていることは枚挙にいとまがありません。子どもの障害受容は，同じく目に見えない差別に空気のようにくるまれながら育ち，生活してきた保護者が，みずからの障害観や差別と向き合い，またはそれから逃げ，葛藤しながら進まざるを得ない苦しみの道でもあるのです。ですから，子どもの障害受容は，子どもの障害を認識することで終わらずに，保護者にとっては，人生の立て直し，人生観の組み直しといった，大きな生き直しの一環でもあります。保護者の障害受容を促すという前に，療育者自身がそうした差別からどれだけ自由になれているのか，なれていないのかを自問自答すべきだと思います。

　乳幼児期の保護者および家族は，障害の有無にかかわらずまだまだ「家族の流儀」つまり，その家族ならではの生き方，育て方をもつには至っていないのが一般的です。むしろ，親でもわかりにくいわが子に戸惑いながら，子どもをどうにか理解しようとする，そしてどのように育てていけばいいかを模索するサバイバルの時期です。「この子の将来を考えなさいと言われるけど，考えたら死にたくなっちゃうから，一日一日を生きることだけ考えてる」と，療育機関で，ある母親に言われたことがありました。課題は次から次に押し寄せてくる，自分自身と葛藤しながら，夫婦で戦いながら，周りからのさまざまな声に傷つき，ときには子どもとも闘いながら一日一日を何とか生き抜くので精一杯。

闘いに疲れたとき，どこかに行きたくなったり，ふっといなくなったりしたくなる。そんなこともあるのではないでしょうか。

　療育における家族支援の位置づけは，子どもの成長発達のためという意味合いが一般的には強いですが，まさに保護者および家族自体が支援を受けるべき当事者と認識すべきなのです（高野，2011）。

⑵　療育における家族支援ニーズのアセスメント

　療育における子どもの発達支援のスタートに欠かせないのが，子どもの発達や育ちについてのアセスメント，つまり必要な情報を収集し，現在の子どもの状態像と発達支援のニーズを正しく理解することです。それと同じく，療育機関における保護者および家族支援には，保護者や家族の状況のアセスメントが必須です。

　アセスメントの内容としては，保護者の思い，経験，希望や子どもとの関係性，家族の中の関係性，育児環境等があります。しかし，これらはある意味，保護者と家族の歴史を踏まえたものですので，何回か面談しただけでは到底全体像を描けませんし，家族状況も時々刻々と変化していきます。関わるすべての人間が，そのつど保護者の思いを丁寧に傾聴することや，親子の様子をよく観察することを心掛けながら，協力して保護者と家族の状況ひいてはニーズを理解していくことが求められます。

　保護者と話をする際に，気を付けたいこととして，当然のことながら保護者はありのままに事実や自分の思いを話してくれるとは限らないということがあります。

　これは，保健センターでの3歳児健診の場であったことです。ある母親が非常に多動な男の子を連れてきました。その母親はとにかく明るくて，走り回りながら保健師と遊んでいるわが子をニコニコと見ながら，「私は若い頃は保育士を目指してたんですけど，子どもをいざ産んでみたら，私って子どもが嫌いだったんだって気が付いたんです」と言って明るい声で笑って見せました。その言葉と様子に母親の大きな傷つきを感じた筆者が，「よく動くお子さんは一般的に初めての人に対して警戒することが多いものですが，このお子さんは初

めて会った保健師と楽しく遊べますよね。これはおかあさんとの関係がいいからではないでしょうか」と言いました。そうすると，この母親は急に涙をこぼし，本当は長い間，子どものことが心配でならなかったこと，本を読むと自閉症に似ているような気がしたけれども，怖くてどこにも相談できなかったことを話し始めました。

　相談業務や療育の場面では，こうした親の苦しみに出会います。傷ついてきた人は，その傷をえぐられたくないと思うものです。ですから，おいそれと傷は見せてくれません。しかし，傷ついてきたからこそ，本当は助けを求めていますし，味方になってくれる人を心の底から欲しています。

　これまで，発達障害の子どもの二次障害ということがよく指摘されたり取り上げられたりしてきました。保護者も同じように二次障害を負っていることがあるのではないかと思います。つまり，いろいろな人から責められたり，追い詰められたりする経験から，他者と自分に対する不信感という二次障害がある保護者は決して少なくないと考えられます。そうした保護者は，傷ついた子どもが大人に試し行動をするように，新たに出会った「専門家」をさまざまに試します。その「試し」が攻撃的だったり，拒否的になったりすることもよくあることです。

　保護者を知る，理解するといっても，その保護者や家族の歴史を全部知ることはできませんから，どうしても不十分になります。そのうえ，相手が隠したいことがあれば，療育者に示されるのは本当に氷山の一角でしかないわけです。

　筆者は，以前に乳幼児期の療育がその後の子どもと家族に本当に役立ったのかどうかという視点で，さまざまな障害のある子どもを10代まで育ててきた母親たちに，インタビュー調査をしたことがあります。そのときに協力してくれたある母親（Ａさんとします）がこんな経験を話してくれました。

　そのお子さんはASD傾向が強く，夜はいつまででも寝てくれない，偏食が強く通常の食事をなかなか取ってくれない，と，非常に育てにくい子どもでした。ほかにもふたりの男児を育てていたＡさんは育児に疲れ果ててしまい，あるとき，きょうだい児が寝静まったあと，なかなか寝ないで遊んでいる当時2歳のこの子を一人連れて死んでしまおうと遺書を書きました。それをリビングのテーブルに置き，Ａさんは子どもを車の助手席に乗せて出発しました。どこ

で死のうかと思っていたときに，子どもが尿意を知らせ，それまで過敏で自宅以外では決して排尿できなかったこの子が，自宅以外のところで排尿できました。それを見ながら，Aさんは「死ぬことはないかもしれない」と思ったそうです。そこでその子を連れて車で自宅に帰ってみると，きょうだい児は何も知らずに平和に寝ていますし，夫もまだ帰ってきていなかったので，自分の書いた遺書も誰にも読まれずに残っていました。「なんだ，ばかばかしいって思ったんですよね。それで遺書を破って生きていくことに決めたんだけど，実はこの話はいまだに（インタビュー当時その子どもは小学5年生になっていました）夫は知らないの」とAさんは言いました。

　夫にも言っていないことを，たまたまのインタビュアーである筆者に話してくれたAさんですが，このような究極の話はなかなか療育の場では話せないことです。

　また，療育の場では次のような経験もありました。そのお子さんは知的に重い障害があり，ごく小さい頃に難治性のてんかんを発症していました。月に2回の個別療育に積極的にいつも明るく通っていた母親（Bさんとします）でしたが，手の爪がいつも噛まれていたり，抜毛の傾向が見られたり，ときにはアルコールや強いニコチンの匂いなどがする人で，療育担当者であった筆者には，Bさんは口には出せない大きなストレスを抱えている人と感じられていました。1歳児から担当していた個別療育でしたが，その子どもは4歳から保育園に通い始めて，Bさんのストレスも少し和らいだように感じられていました。ところが，Bさんは子どもが5歳の夏になってもなかなかトイレットトレーニングに踏み出せなかったのでした。園ではしっかり行ってもらっていたのになぜ？と思った筆者は，思い切って「どうして踏み出せないのでしょうね？」と単刀直入に聞いてみました。すると，5年間にわたる付き合いの中でBさんは初めて涙を見せ，「先生，私，この子のことがとてもかわいいんです。でも……いけないと思うんですけど，私，この子といるとうんざりしてしまうんです」とその思いを初めて明かしてくれました。Bさんの6年間の子育ては，うんざりしてしまう自分との闘いの日々だったのでした。

　その後Bさんは，この子どもが最初にてんかんの診断が下った乳児期に，医師から「重い知的障害が残るかもしれない」と告げられたことを知ったBさん

の母親が「外聞が悪いから，あまりこの子をうちに連れてこないでちょうだい」と語ったことを涙ながらに話し始めました。つまり，Ｂさんの子どもは実の母親にも拒否されてしまった子だったのです。

その後の療育では，二度と涙することも，そうした話をすることもなかったＢさんでしたが，その夏，園の協力のもと，トイレットトレーニングに取り組み，時間はかかりましたが，成功したのでした。これは療育者としての経験でしたが，たまたま５年間個別の療育を担当できたからこそ話してもらえたことであって，そうでなければ明るく療育に通っているＢさんという側面しか，見せてもらえなかったかもしれません。

わが子に対してうんざりしてしまう……通常の子育てでも大いにあることですし，通常の子育てでしたら，母親にとってそれほど大きな傷つきには結びつかなかったかもしれません。それが，わが子に障害があるということで，その「うんざり」の意味合いが変わってきます。「障害のあるわが子にうんざりしてしまう自分」「障害のあるわが子を受け入れられない自分」と結びついてしまうからではないでしょうか。

保護者には保護者なりの歴史や人間観，子ども観，障害観，人生観があり，上記のような重い経験をする等，保護者の置かれた状況も種々さまざまですから，支援ニーズにも大変な広がりがあると考えられます。その保護者と家族のもつ独自性やそこからくる独自な支援ニーズが，ある意味「家族の流儀」の胚芽になるのかもしれないと感じます。

(3)　療育における家族支援の実際

療育現場における保護者・家族支援は，その保護者・家族ならではのカスタマイズされた支援もありますが，多くの保護者のニーズに沿ったものとして，設定されているのは以下のようなものです（市川，2017）。

①　同じような悩みをもつ保護者同士の仲間作り

保護者の苦しみの大きな要因として「孤独」があります。こんな思いをしているのは自分だけではないか，今こうなっているのは自分のせいではないか，

子どもの障害なんて誰にも言えないという思いです。娘がASDのある当事者である進藤美左は，通い始めた療育機関の中でたまたま子どもたちを待っていた時間に，10人ぐらいのまだ知り合ったばかりの母親たちがぽつぽつと話し始めたことから，みんなが同じような思いをしていることを知り，「一番の秘密だったはずの子どもの障害についてオープンに話せるってすごい開放感だった」と述懐しています（進藤，2017）。療育機関では，保護者同士が支え合う関係をもてるように，行事や勉強会等，保護者同士が出会い，つながる機会を設定しています。この時期に出会った保護者同士の関係は一生続く支え合いになるというのは，保護者が口々に言うことです。先輩保護者がペアレントメンター^(注2)として，各種の悩み相談にのるなどの役割をもつこともあります。

② わが子を理解し，対応について学ぶ支援

　日々の療育や各種アセスメントの結果を保護者に丁寧にフィードバックして，職員の子ども理解を保護者に伝え，共通理解をもてるようにすることは，療育機関として保護者支援の柱となるものです。ASD，ADHDの子どもの保護者にとっては各種のプログラムで学ぶペアレントトレーニングも盛んに行われています。

③ 保護者が地域で自立するための支援

　就学前の療育機関につながっているのは，基本的に就学までですから，保護者には子どもの権利を代弁しながら，地域リソースを有効活用し，地域に理解者や仲間を作っていく力をはぐくむ必要があります。療育機関は，保護者が学校や就学システム，放課後等デイサービス等の地域の教育・福祉サービスを知ることをサポートします。

④ 子育ての心理的・物理的負担の軽減

　レスパイトを中心として，心理的にも物理的にも負担を軽減する環境を作る支援です。前述したように，発達障害の場合，乳幼児期はとくに子育てが困難な時期であることが多いため，児童相談所やファミリーサポートセンター等の他機関とも連携しながら，子育て支援をしていく必要があります。

② ペアレントトレーニングと家族の流儀

ここでは，現在発達障害の子どもの保護者支援として盛んに行われているペアレントトレーニング（ペアトレ）について，「家族の流儀」の視点から検討していきたいと思います。

(1) ペアトレとは何か

発達障害のある子どもの保護者に対応するペアトレとは，応用行動分析学をベースに，保護者が自分の子どもの行動を理解し，適切な対応を学ぶことを目的として発展してきたものです。ルーツは古く，1960年代，70年代にさかのぼります。もともとは，ASDのある子どもの保護者支援として発展してきたものと，ADHDのある子どもの保護者支援として発展してきたものの2つの流れがありました。日本ではその2つを併せもつ子どもが多いこともあり，それらを融合させて独自に発展させてきた人たちも多く，現在ではさまざまなバリエーションをもつ数多くのプログラムがあります。

実施方法も，個人で行うもの，小集団で行うものがあります。ペアトレの有効性が証明されるとともに保護者からのニーズが増え，その実施機関も療育機関だけではなく，大学の教育機関，医療機関，自治体の教育機関等拡大してきています。

一例をあげれば，表2-2-1 のようなプログラム例があります（日本発達障害ネットワーク事業委員会，2019）。

(2) ペアトレの目指すものは何か

もともと保護者の行動変容を目的として生まれたペアトレですが，保護者のニーズに沿って発展してきたため，その目標も広がっています。荻野昌秀は，2015年から2019年までのすべてのペアトレを取り扱った研究を整理し，その目標とするところを洗い出しました（荻野，2021）。その結果をまとめたもの

表2-2-1　学齢期のペアレント・トレーニングの例
（日本発達障害ネットワーク事業委員会，2019）

	講義・ワークショップ型学習	ロールプレイ・演習・ホームワーク
第1回	オリエンテーション「発達の気になる子どもとペアレント・トレーニング」	ミニワーク「子どもと私の良いところ探し」 ホームワーク①「いっぱいほめようシート」
第2回	「子どもの行動を観察して3つに分けよう」	演習①　ほめ上手のワークシート ロールプレイ①　上手なほめ方を練習しよう ホームワーク②　行動の3つのタイプ分け
第3回	「子どもの行動のしくみを理解しよう」 子どもの行動理解（ABC）	演習②　観察上手のワークシート ホームワーク③　行動の ABCシート
第4回	「楽しくほめよう——親子タイムと環境調整」	演習③　環境調整のワークシート ホームワーク④　親子タイム（家庭でほめる環境を整え，ほめる——ほめられる機会を増やす）
第5回	「子どもが達成しやすい指示を出そう」	演習④　指示のワークシート ロールプレイ②　伝え方のテクニック ホームワーク⑤　伝え方ふりかえりシート
第6回	「待ってからほめよう——上手な注目の外し方」（計画的な無視），子どもの不適切な行動への対応	ロールプレイ③　不適切な行動に注目しすぎず，代わりとなる行動を伝えて，待ってからほめる
フォロー会	学んだ内容の振り返り	終了後の家庭での様子を報告し合う （先輩ママに来てもらい，話を聞くなどあり）

表2-2-2　ペアレント・トレーニングの目標の達成内容 （萩野, 2021）

	向上が見られた目標内容	数
親	養育スキル・知識	14
	ストレス・育児負担感の軽減	10
	不安・抑うつ・健康度の改善	8
	自己評価・エンパワメント	4
	親子関係・家族状況の改善	2
	効果なし	1
子ども	行動改善	18
	目標なしまたは効果なし	4

が表2-2-2 です。これによると，親のスキルや知識の向上および子どもの行動変容だけではなく，親の心理状態にもペアトレの効果が表れていることがわかります。

　ここで「発達障害の子どもをもつ親の心理状態」を以下の話を例として少し違った視点から見てみたいと思います（上別府・鈴木，2016）。

事例

　保育園の年中組にいる自閉スペクトラム症の子どもCが，こだわりがもとで子どもDを押してしまい，運悪くころんだ拍子にDが目の上に小さな傷を作ってしまった。Cの母親はお迎えの際に保育園の保育士からその説明を受け，小さな傷でよかったと安心し，今度会ったら挨拶しなくてはと思いつつ，帰宅したCに夕食を食べさせていた。そのとき，Dの母親から電話が入り，CがDを押したことを強い口調で非難し，さらに入園したときからずっと迷惑していたとばかりにCの家族全体のことを言い募るのであった。Cの母親は，Dが先にCの遊んでいた遊具を取り上げたのがきっかけではないかと，よっぽど言い返してやりたいと思ったがぐっと抑え，謝って電話を切った。憤懣やるかたない心持であったが，Cを見ると食べかけの食べ物を並べて遊んでいた。いとおし

さとイライラの入り混じった感情を意識したが，ここでCに当たってはいけないと気持ちを抑えて早く寝かそうと，寝る準備を始めた。しかし，Cは洗面所の水で遊び始め，母親が止めようとすると大声を出し始めた。急いで寝かせようとすると逆効果になることを知っていたので，しばらくCに付き合いながら，父親の帰りを心待ちにしていた。Cがうとうとし始めたときに，父親が帰ってきた。母親は父親に向かって今日あったことを一気に話した。いつもは話を聞いてくれる父親だが，開口一番「そりゃあ，すぐに謝りの一報を入れるべきだったな。」と父親が言い，すっかり目を覚ましてしまったCも大声を出し始めたので，母親は気持ちが抑えられなくなって父親に「あなたまで私を責めるなんてひどい！　私は4時間も大声につきあってへとへとなのよ。あなたが寝かしてちょうだい！」とまくしたてたので，父親はびっくりし，「責めたわけじゃないよ。」ととりなそうとしたが，母親もCの興奮も収まらなくなってしまった。

　この事例の解説では，家族関係の全体を見るアセスメントが大事であることが述べられています。確かにその通りなのですが，この母親の心理状態を悪くしているのは何かという点を改めて考えてみたいと思います。なお，誰が，または何が悪かったのかということを検証する意図ではないことはご了解ください。
　この事例をペアトレ的に考えると，子どもの不適切な行動「他児を押してしまう」「大声を出す」「親の指示に従わず，水遊びをしてしまう」等があり，その背景に ASD という発達障害があると考えることになるでしょう。そして，それによるストレスが主に養育を担っている母親の心理状態を悪くし，ひいては夫婦関係にも影響しているので，ペアトレで母親の対応力を高め，子どもの行動改善を促進し，母親ひいては両親のストレスを軽減するという方向性が目標として出てくると思います。もちろん，それが間違っているわけではなく，1つの支援方法であることは確かです。しかし，この事例で母親の心理状態に影響したものには，明らかに子どもの行動以外の要因があります。それは子どもと保護者に対する保育園の保育士の対応およびDの母親の言動です。Dの母親は個人ですが，この反応はもしかするとクラス全体にただようCをめぐる雰

囲気なのかもしれません。

　ペアトレの発想には，親のストレスや家族への悪影響というものの原因は，子どもの発達障害とそれへの親の不適切な対応にあるという考え方があります。変わるべきは親と子どもであって，子どもと親を取り巻く幼稚園・保育園，学校等の社会の側が変わるべきという発想は含まれていません。その証左の１つに，これだけ多くのペアトレの実践と研究がなされているにもかかわらず，そのプログラムを保育者や教師に応用した実践や研究は極めて少ないことが挙げられます。

　しかもそこにはその親の適切な対応には，社会の側に「正しい答え」があって，親は社会の支援を受けて正しい答えにたどり着くという構図があります。療育機関や療育者がその方向だけに目を向けて，親と子どもを変えることにのみ心血を注ぐ……もしそのような社会が推し進められていくようでしたら，その社会はこの親子が過ごしやすい社会に果たしてなるでしょうか。

　また，ペアトレの発想は「親が子どもへの適切な対応を学べば子どもは変わります」というものであるので，それをひっくり返した「子どもが変わらなければ親の対応のせいです」というマイナスな発想が保護者に負荷をかけることはないのでしょうか。田中康雄は，わが子と４泊５日の療育合宿に参加したある母親が，徐々にこの子の障害は自分のせいという思い込みを生じ，短期精神病性障害になった事例を公表しています（田中，2010）。ペアトレをはじめと

図2-2-1　発達障害児のわが子のイメージ　　図2-2-2　わが子の中に発達障害の
　　　　　　　　　　　　　　　　　　　　　　　　　　傾向があるイメージ

する保護者参加の療育が,「自分が頑張ればこの子は変わる,治る」という重荷を保護者に負わせていないかを今一度検討したいと思います。もし「社会的に適切な対応」ができるようになったとしても,保護者がつねに「発達障害」という眼鏡を通してわが子を見るようになることは,望ましいことなのでしょうか。図2-2-1 ではなく,図2-2-2 であることを保護者が実感できることが大切なのではないかと思います。

(3)　ペアトレと「家族の流儀」

　ペアトレを「家族の流儀」を尊重する視点から検証したいと思います。「家族の流儀」という視点に立ったとき,家族にとっての「正しい答え」は家族の外側にある社会にあるわけではなく,家族が揺れ動きながらも子どもとともに成長し,家族としての答えを主体的に探し,導き出すところにあります。つまり,家族の中から答えが生まれるのです。構図としてはペアトレとは対照的になります。

　発達障害の子どもをもつ保護者にとって,乳幼児期は激動の時代です。その時期に,「これが望むべき親の対応です」と言われると,飛びつきたくなる保護者は多いでしょうし,それで何とか激動の時代を乗り越える人も多くいると思います。ですから,ペアトレの有効性を否定するつもりはまったくありません。しかし,保護者の中にある,わが子と四苦八苦しながら,仲間と協同しながら,人生を顧みながら,自分なりの道を見つけていく主体的な力は奪われてはならないと思います。療育機関や療育者と言われる人たちは,その力をもっとも重視し,見出し,サポートしていく立場にあるのではないでしょうか。

　本来であれば,家族がわが子を知り,どのように育てていきたいかの方針を立て(これがすでに家族の流儀ですが),社会に数多くあるペアトレの内容やねらいを正しく知り,自分たちにとって必要かつ有効なペアトレを選んで参加したり取り入れたりするというのが,家族の主体性を尊重したペアトレにおける支援の在り方ではないかと思います。「わが子を知り,どのように育てていきたいかの方針を立てる」ためにもペアトレは役に立ちますが,その際,社会が示した「正しい答え」を拒否したり選び直す権利も保護者にあることを,支

援者と言われる人間は忘れてはならないと思います。

③ 「家族の流儀」と子ども・療育者

(1) 「家族の流儀」と子どもの権利

　ここまで「家族の流儀」を尊重することの意義について考えてきました。では，療育において「家族の流儀」を尊重するために保護者の言うことや行動をそのまま受け入れるのかというと，実際はそうではない場面に療育者は直面し，大いに揺らいだり迷ったりすることが多いものです。

　なぜそうなるのか。その原因の1つは，「家族の流儀」と子どもの権利に齟齬があると療育者が判断するときです。①のわが子と心中をはかろうとしたAさんに再び登場していただきましょう。彼女は，「人として生まれてきて，他の人と交わらないのならば，人生の意味がない」と言い切る人でした。彼女にとって，ASDのわが子が人と交わらないということがどうしても苦しく，許せないことであったようです。せっかくきょうだい児が2人もいながら，彼らと遊ぼうともせず，学校から帰るといつも自分の部屋に閉じこもってパソコンに没頭している彼の生活を何とかしないと，とAさんは思い詰めていきました。思い余ったAさんは，帰宅したわが子に長いひもをつなぎ，そのひもをリビングの柱にくくりつけてしまいました。つまり，リビングやトイレは自由に行けるけれども，2階の自分の部屋には行けないようにしてしまったのです。これはもちろん，子どもの権利侵害ですし，子どもは当然パニックになり，その当時，Aさんのサポートをしていた支援者に「ASDの子どもには一人になる時間も大切なのだ」と説得されて，ひもをつけるのはやめたのだと，笑いながらAさんは言っていました。しかし，そこにどれだけの苦しみや逡巡があったのかと推察されます。その後，中学3年生ぐらいになって，ようやくその子にも友達ができ，Aさんは心の底から安心したようでした。

　このように，「家族の流儀」は，保護者の価値観，人生観をもとに形作られていきます。「正しい答え」は何なのか……療育者は大いに揺らぐことになり

ます。

　たとえば「通常学級に入れることがこの子の幸せ」と保護者が判断し，しかし療育者としては，その子どもの通常学級における苦難が予測されたときにどうするのか。

　竹谷志保子は，療育機関における家族支援を「子どものための家族支援」つまり，子どものための環境としての家族支援という意味合いしかもたなければ，療育者が「障害児の親」としての理想像を押しつけることになりかねないことに警鐘を鳴らしています。そして，家族が抱える固有のニーズに対しては，子どもの発達支援と分けて支援していくべきであると述べています（竹谷，2006）。そのうえで，就学等の進路支援においては，保護者の自主，選択，責任性を前提にしたうえで，保護者とは異なる立場で考えを述べることは，療育者としての大切な役割であり責任であると指摘しています。

　就学に関しては，保護者はその後の子どもの育ちにも責任を負っています。乳幼児期の療育者は就学までの支援者としての子どもの発達保障の責任をもっています。どちらにも，子どもが成人になったときにどうなっているかを見通せるわけでも保証できるわけでもありません。その限界性の中で，療育者は子どもの発達保障の権利の代弁者としても，今後の保護者の指針を支えていく意味でも，その専門性と責任性をもって，保護者に自分の考えを伝えていくことが，専門家としての誠実性であろうと思います。そしてそれは，当然，保護者の権利と子どもの権利とを分断するようなものであってはならず，保護者の価値観，人生観と，子どもの人生とをつなげていくものでなければならないのだろうと思います。

(2)　「家族の流儀」と「療育者の流儀」

　以上のように「腹をくくっても」まだ療育者の中には迷いが出ることがあります。「家族の流儀」にイエスと言えないもう1つの要因は，療育者の中にも「流儀」があって，それと「家族の流儀」に齟齬があることであろうと思います。むしろ，通常は無自覚である自分自身の流儀にいやでも直面させられるのが，「家族の流儀」との出会いであるともいえるのではないでしょうか。

　いったん視点を過去に戻しましょう。これまで多くの専門家が，自分の「流儀」にこだわり，そのために多くの家族を傷つけたり，社会に多大な負の影響を及ぼしてきたことはなかったのでしょうか。

　実は，筆者が大学院生であったとき，その授業で学んだことの1つに，統合失調症，当時はまだ精神分裂病と言われていましたが，「ダブル・バインド理論」と「精神分裂病原性の母」とがありました。どちらも，当時の精神分裂病の原因は，親とくに母親の対応のまずさや歪みにあるという，精神分析の理論でした。これらは，科学的根拠の乏しい理論として現在では否定されています（岡田，2010）。しかし，ただでさえ，子どもの疾患に悩む親が，この理論によってどれだけ傷つき，排斥されたかは想像に絶するものがあったに違いありません。筆者は，この理論を学んだあと，実際に統合失調症の方々の作業所に通う中で，その保護者に会うことができ，その温かさに触れ，自分の学んできたことへの不信感が決定的になりました。

　同様に，ベッテルハイム（Bettelheim, B）という精神分析医は，「自閉症」の原因も親の拒否的な対応にあるとの理論を唱えました（勝浦，2016）。

　これらは，「精神分析」という流儀をもつ当時の精神分析医と研究者たちが，「精神分析」の有効性を信じて，作り上げたものです。その当時，家族とこれらの医師たちにどのような関わりや交流があったのかはわかりませんが，圧倒的な権威をもった精神分析医の理論は，家族の気持ちや声などを吹き飛ばす力をもっていたのではないかと考えられます。当時，精神分裂病や自閉症等，「治りにくい」「治らない」「原因がわからない」とされていたものは，精神分析の権威を失墜するものだったに違いありません。そうしたものについて，一番弱い立場にある家族や親にその原因を押し付けたのは，当時の権威者の，権威の回復の仕方ではなかったかと筆者は考えています。

　では，現代に視点を戻してみましょう。以上のようなことは過去のこととして歴史の中に綴じてしまってよいことなのでしょうか。

　療育者のもつ流儀を考えるときに外せないことの1つに，各種の療育技法があります。療育技法というのは，それぞれの依って立つ理論に基づいて開発されてきたもので，エビデンスによって効果の証明された，療育に用いられる技法です。療育者としては，その職種に応じて，有効とされている技法につい

ては当然知っていなければなりませんし，子どもの発達ニーズに合うものを選
択し，適用する義務をもっています。どの技法も，子どものすべての発達ニー
ズを満たし，課題解決できるものでは到底ありませんので，そうした期待や誤
解を保護者に与えることは保護者の主体性を奪うことにつながります。本来は，
療育者は各種の技法の手法や有効性を保護者に提示し，その限界も含めて丁寧
に説明し，保護者の理解と同意を得るべきです。それは，医師が各種の治療法
を選択するときに，本人と家族に説明し同意を得る責任を負っているのとまっ
たく同じ構図であろうと思います。しかし，この共通理解が，現在の療育現場
においてきちんとなされているかと言えば，かなりおぼつかないのが現状では
ないかと考えられます。しかも，次々と新しく開発されている技法そのものを
学ぶことも乏しく，何十年と同じやり方が続けられている現場もまだまだある
ことを，筆者は残念ながら知っています。その場合は，その何十年続けられて
きたやり方が療育者の流儀となってしまっていたりします。

　また，一定の技法がその療育者の「流儀」として社会的にも通用し，それを
施してもらうために，子どもが通うということもままあることです。しかし，
あくまでも子どもの発達ニーズが先にあるのであって，技法が先にあり，そこ
に子どもを当てはめていくわけでは決してないことも確認しておきたいと思い
ます（市川，2018）。療育現場では，そこで当たり前のようになされているや
り方や信奉されている考えや手法が，保護者や家族の考えを圧迫したり，主体
性を阻害していたりしないか，つねに問い続けられなければならないと思いま
す。

　また，療育技法以外にもさまざまな「流儀」が，療育現場・相談現場の中に
「当たり前の事実」として，振り返られたり再検討されずに残ってしまってい
ることもあるのではないでしょうか。

　たとえば，「早く『障害』を発見して，専門機関につなぐことがすべからく
よいこと」という流儀。もちろん，ビッグデータとしてのさまざまな研究は，
早く専門機関に行き，すみやかに療育を受けた子どもの方がそののちの社会適
応がよいという結果を出しています。しかし，ビッグデータで出ていることが，
すべての子どもと家族に当てはまると言い切れるものではないと思います。答
えはその家族ごとにあるのではないでしょうか。

　また,「この子どもには重度の障害があるから, 保育園・幼稚園より療育機関に通わせることが適切だ」とする流儀。保育園・幼稚園が, 医療的ケア児を含め, 重症心身障害児も受け入れ, またそこでのインクルーシブな環境の中での子どもの成長が報告されている昨今, その流儀も見直す時期に来ています (市川・仲本, 2022)。

　療育機関とはどうあるべきかを長年真摯に問い続けてきた宮田広善は, その著書の中でこれまでの療育は家族機能を低下させたり, 家族の幸せを犠牲にしたりしてきたのではないかと苦言を呈しています (宮田, 2001)。たとえば, この子どもにはこれだけの療育が必要という意見が, 母親の就労を断念させる契機になってこなかったか, 家族の生活を狭めてこなかったか, というのです。同様に, 山本芳子は, 保育現場の支援者として, 療育に通って疲れ果てている母親を見ながら, こんな療育が本当に家族と子どもを幸せにするのだろうか, と疑問を述べています (尾崎・山本, 2014)。

　筆者が以前に, これまでの療育や育児についてインタビューした母親の一人が「一番大切にしてきたものは何ですか?」という質問に対して, 少し考えたあと,「3人の子どもの人生をそれぞれ大切にすること」と, ある意味確信に満ちた表情をしながら答えてくれました。ASD のある子は3人の子のうちの1人だったのですが, その母親は, 障害のある子どものために, ほかの子どもが犠牲になることのないように, ということを大切にしてきたということでしょう。これなどは, 1つの家族の流儀と言ってもよいものかと思います。療育現場では, どうしても障害のある子どもにとって「療育の成果が出やすい」等のことがもっとも尊重されるべきとされることが多いのですが, 家族全体の機能や幸せを考え, サポートする責任が療育にはあるのではないかという宮田の意見に今一度耳を傾けたいと思います。

　保育所等訪問支援[注3]のように, 家族の時間を費やさなくても, その子どもが居場所で必要な療育を受けられるシステムは以前に比べると整えられてきています。アメリカでは, 州によって異なるものの, 必要な療育は, 専門家(療育者)が家庭を訪問して行う体制が整えられてきたのに対し, 日本では親が子どもを専門家のもとに連れていくことがある意味当然とされ, 疑問をはさむ余地なくそうした社会体制が整えられてきた歴史があります。この,「障害

のある子どもを親は一生懸命育てるべきだ」のような，社会全体の大きな「流儀」に対しても，療育者はより疑問の目をもってみずからの流儀を問い直し続けないといけないのではないかと思われます。

　もちろん，家族の流儀を受けて，療育者が自分の流儀をすべて変えるべきと述べているわけではありません。普段は当たり前や必然と思っていることが，実は自分の流儀だったと気づかされたとき，それに誠実に向き合うこと，そして，家族ともその流儀の違いを軸にして，やはり誠実に向き合うことが求められているのだと思います。

④　まとめ

　障害者権利条約の作成に際して，当事者の参加する権利「私たちのことは私たち抜きで決めるな（Nothing about us without us）」が重視されたことは有名ですが，現在の日本の障害のある子どもをもつ保護者は「私たち抜きで私たちの子どものことを決めるな」と言えているでしょうか。療育現場に関して言うと，子どもの療育を選択するとき，療育の中身を決めるとき，療育をやめるとき，次の支援機関に移行するとき，保護者は主体的に考え，行動する一人の人として対等な関係を支援者と結べているでしょうか。むしろ，保護者は指導されるべき，正しい答えを与えられるべき，よい「ルート」に乗せられるべき対象と捉えられている現状があるように思います。

　療育機関は，保護者がわが子を育てるうえで初めに出会う機関の1つです。ですから，療育者が最初に出会うときの保護者は，途方に暮れていたり，大混乱をしていたり，傷ついていたりさまざまです。療育機関には，そのような保護者と家族の実情とニーズに沿った，数多くのバリエーションにとんだ支援や支援システムが必要とされます。では支援の基本は何かと考えたときに，前述の進藤はこんなことを言っています。「誤解をおそれずに言うと，本当に心に残る支援というのは，指導のスキルではない気がする。あまり知識や経験がなかったとしても，本人をよく見て，親の話を丁寧に聞いてくれて，同じ目線で一緒に歩んでくれた先生には，会うたびに嬉しい気持ちになり，がっちりと信

頼関係を作れた気がする」（進藤，2017）。発達障害の家族支援を長年研究してきた中田洋二郎も著書の中で「親がわが子を受け入れられるのは，保育者，療育者が当たり前にわが子に接してくれたとき」と述べています（中田，2009）。

　子どもに障害がある（かもしれない）と知って，突き落とされたような気持ちでいる保護者にとって，「障害児とその親」ではなくて，子どもと親がそれぞれ一人の人として尊重されるということが何よりも保護者のエンパワメントになりうるのだということが言えるのではないでしょうか。そして，療育における家族支援とは，家族がその人間観，人生観，子ども観，子育て観に裏打ちされた，自分たちなりの子育ての柱を見出していく過程を尊重し，伴走しながら支えていくことであって，社会的に正しい答えにできるだけ早く導くことでは決してないのだと思います。中川信子の言う「親にも失敗する権利がある」（中川，2017）という言葉を重くかみしめ，最初は弱く，おぼつかないように見えた保護者が，子どもにも自分にも誇りを取り戻し，前を向くお手伝いをする，それが療育における「家族の流儀」の臨床観というものではないかと考えています。

注

1　インリアルアプローチというコミュニケーション技法の１つで，子どもの行動を，子どもにわかりやすくおとなが模倣して見せる手法。言葉でのコミュニケーションがまだ難しい子どもに使われる。
2　みずからも障害のある子どもの保護者であり，一定の相談者としてのトレーニングを受けて，障害のある子どもを育てる他の保護者の相談にのったり，話を聞いてサポートしたりする役割をもつ人。発達障害者支援法の中に位置づけられたことから，各所でメンター養成事業が展開されている。
3　児童福祉法に定められている障害児通所支援の一環で，療育者が子どもの通う園等に出向き，そこで必要な支援を行うサービス。

文献

市川　奈緒子（2017）．保護者がわが子の「特性」に気付くとき——健診から療育へ——　中川信子（編著）発達障害の子を育てる親の気持ちに向き合う（pp.11-

19)　金子書房

市川 奈緒子（2018）．支援方法・技法というものの使い方，考え方．市川奈緒子・岡本仁美（編著）発達が気になる子どもの療育・発達支援入門（pp.83-85）　金子書房

市川 奈緒子・仲本 美央（2022）．子ども一人ひとりがかがやく個別指導計画――保育現場の実践例から読み解く――　フレーベル館

一般社団法人日本発達障害ネットワークJDDnet 事業委員会（2019）．ペアレント・トレーニング実践ガイドブック　p.29．令和元年度障害者総合福祉推進事業

勝浦 眞仁（2016）．"共にある"ことを目指す特別支援教育――関係論から発達障碍を問い直す――　ナカニシヤ出版

上別府 圭子・鈴木 征吾（2016）．家族支援．金生 由紀子・渡辺 慶一郎・土橋 圭子（編著）自閉スペクトラム症の医療・療育・教育（pp. 203-209, pp. 207-208）　金芳堂

宮田 広善（2001）．子育てを支える療育――〈医療モデル〉から〈生活モデル〉への転換を――　ぶどう社

中川 信子（2017）．発達障害のある子を育てる保護者のためにできること　中川 信子（編著）発達障害の子を育てる親の気持ちに向き合う（pp. 2-10）　金子書房

中田 洋二郎（2009）．発達障害と家族支援――家族にとっての障害とはなにか――　学習研究社

荻野 昌秀（2021）．わが国における発達障害のある子どもの親に対するペアレントトレーニング――近年の動向と課題――　発達障害研究, *43*(2), 226-242.

岡田 尊司（2010）．統合失調症――その新たなる真実――　PHP研究所

尾崎ミオ・山本 芳（2014）．療育訓練の前に，子育てがある．白梅学園大学子ども学研究所（編集発行）汐見 稔幸（監修）市川 奈緒子（責任編集）発達障害の再考――支援とは？　自立とは？　それぞれの立場で自分にできることを問う――　風鳴舎

進藤 美左（2017）．親の会による保護者同士のサポートの実際．中川 信子（編著）発達障害の子を育てる親の気持ちに向き合う（pp. 39-47）　金子書房

高野 久美子（2011）．教育相談における発達障害と家族支援　日本家族心理学会（編）発達障害と家族支援（pp. 55-66）　金子書房

竹谷 志保子（2006）．乳幼児期通園施設における家族支援と地域支援　本郷 一夫・長崎 勤（編著）特集 特別支援教育における臨床発達心理学的アプローチ　別冊発達, *28*, ミネルヴァ書房, 173-178.

田中 康雄（2010）．親のメンタルヘルスからみた発達障害　子育て支援と心理臨床, *2*, 20-26. 福村出版

［3］「わが子らしさ」から形成される「家族の流儀」

——ASD のある子どもを育てる親の well-being の観点から

勝浦 眞仁

　本稿では，ASD のある子どもを育てる親の well-being の観点から「家族の流儀」を検討していくことを試みます。

　well-being とは，身体的・精神的・社会的に良い状態であることを表しており，短期的な幸福感のみならず，生きがいや人生の意義など将来にわたる持続的な幸福感を含む概念とされています。年齢や障害の有無などを問わず，個としても社会としても，できるだけ多くの人の well-being が満たされていることは望ましい状態ですし，目指すべき方向性といえます。

　しかし，私たちが生きていく中では，well-being がつねに満たされている状態にあるとは限りません。むしろ，うまくいかないことに直面したり，社会的な障壁を感じたりすることがしばしば起こります。ASD のある子どもを育てる親においても，子育ての中で子どもの行動を理解することができなかったり，どのように向き合っていけばよいのかわからなかったりなどして，迷いや葛藤の生じることが指摘されています（Larson，1998；沼田，2018）。その一方で，発達障害のある子どもを育てることが，親自身の人生に肯定的な変化や成長をもたらす経験になるという親もいます（山根，2014）。

　このように，ASD のある子どもを育てる親の well-being には正負両面の様相を伴うのですが，親の well-being は，子の well-being や育ちに影響を与えていくことが指摘されており（Nelson, Kushlev & Lyubomirsky, 2014），養育に大きな影響を与えていると考えられます。ASD のある子どもを育てる親の well-being の充実によって，ASD のある子ども自身によい影響が生まれてくることもあれば，その逆も起こりうるといえるでしょう。こういった背景から，ASD のある子どもを育てる親に関わる子育て研究においては，親の well-being という視座を欠かすことはできません。

この正負両面に変容する動態としての well-being は，ASD のある子どもを育てる親の「家族の流儀」とどのように交叉していくのでしょうか。本稿では，この 2 つの概念の連関性について，ASD のある子どもを育てる 2 組の親の語りを通して深めていくこととします。

1　ASD のある子どもを育てる親の well-being とは

ASD のある子どもを育てる親の well-being 研究において，発達障害のある子どもを育てる親の well-being は，定型発達児の親に比べて低いことが指摘されています（Minnes, Perry, & Weiss, 2015）。その理由の 1 つに，ASD のある子どもを育てていく中で，親はネガティブおよびポジティブな心性を同時に経験しており，さまざまに矛盾した情動が混在している状態にあることがいわれています（Hastings & Taunt, 2002）。

一方で，親はこういった複雑な情動や葛藤を抱えながらも，わが子と共に生きていく中で，他児と比べずにわが子自身を見ていこうとする養育態度が備わっていくことも指摘されています（勝浦, 2020）。この養育態度が形作られていく過程においては，親が日常生活におけるわが子の姿をどのように意味づけていくのかが重要であり，その意味づけが ASD のある子どもを育てる親の well-being に影響を与えうることが示唆されています（勝浦, 2021）。ASD のある子どもを育てる親は，両面ある矛盾した心性をそのままに抱えながら，わが子に向き合っていく面があり，均衡する正負両面の情動に折り合いをつけようとしている最中にあるのです（勝浦, 2022）。

こういった理論的背景から，ASD のある子どもを育てる親の well-being は，達成し完成された最終地点としてではなく，子育てにおける正負の情動をほどよく調整しようとする過程として，本稿においては定義することとします（Griffin, 2021）。従来の ASD のある子どもを育てる親研究においては，障害受容等の否定的な側面に着目し，それを踏まえた親支援が主流でした。肯定的な側面を踏まえた論考もいくつかあるのですが，正負両面を包括的に捉えた議論がこれまで十分にはなされてきませんでした。ASD のある子どもを育て

る親は，わが子の姿をどのように意味づけているのでしょうか。また，その内面に生じる正負両面ある情動にどのような折り合いをつけているのでしょうか。そこに踏み込んでこそ，親としてのありようや「家族の流儀」に迫ることができると考えます。

　そこで，わが子の姿を親がどのように意味づけているのかという問いを基に，ある保育園でのASDのある子どもの日常生活場面の映像を，その子の親と筆者とが一緒に視聴し，親がどのようにその姿を受け止めているのかを探ることを試みました。そして，その意味づけが生まれた背景やプロセスを探ることを通して，親のwell-beingと「家族の流儀」との連関性について考察していくこととします。

② 事例検討

(1) インタビュー協力者・協力園について

　インタビューの協力者は，当時，年中の子どもを育てる2組の親（1組は母親，もう1組は父親と母親）でした。保育場面の映像を視聴後に，インタビューを通して，それぞれの親がわが子の姿をどのように意味づけたのかを考察することにしました。

　協力園は，2人の子どもが在籍する園です。障害のある子どもも含めて，配慮を要する子どもの親の会を組織しており，年に1回（12月頃）に「Xの会」を開いていました。「Xの会」では，配慮を要する子どもたちが日々の保育の中でどのように成長してきたのかを，親と保育者とが映像を見ながら共に振り返っていました。コロナ感染前は園全体にお知らせをしていましたが，インタビューをした当時は，親の一部のみ（在園児と卒園児の配慮を要する子どもを育てる親）の参加となっていました。

　「Xの会」に向けて，研究協力園では年に2回の園内研修を行い，配慮を要する子どもについてのケース会議を行ってきました。筆者は園内研修でのケース会議，および，「Xの会」にも参加していました。「Xの会」では，保護者が

わが子に対する全体的な印象を語ることはあるものの，1つ1つの映像に対してコメントする時間はありませんでした。

　それぞれの場面に対して，親としてどのような感想や印象を抱くのかを聞いてみたいと筆者が考え，協力園および協力者にインタビューをお願いしました。本稿では，まず各事例の背景情報を示し，親と共に視聴する場面の概要を提示します。その後，その場面について生まれた親の語りを示し，その語りについて筆者が了解したことをメタ観察 (注1) として述べました。語りの中で下線を引いた箇所について，メタ観察で考察しています。そして，それぞれの事例について親の意味づけに関するまとめをした後に，次節にて，親の well-being と「家族の流儀」との関連について考察します。

　なお，倫理的配慮として，インタビュー協力者および協力園には，口頭および書面にて研究の依頼および協力をお願いし，書面にて同意を得ました。インタビュー実施時に所属していた大学の倫理審査での承認も得ています。

(2) 事例1の検討

〈背景〉

　事例1で検討するのは，男児Aとその母親です。年中クラスから協力園に入園しました。母親の話では，3歳児健診を受診し，療育センターを紹介され，知的障害および発達障害のあることを伝えられたそうです。

　母親としては，コミュニケーションのとりづらさや癲癇を起こすことがあり，発達障害の傾向はあると感じていたそうですが，知的障害もあるのは想定外とのことでした。手帳を取るかどうか考えるように伝えられましたが，受け入れられず，取得はとどまったそうです。

　協力園の付近に引っ越したばかりで，頼れるところは少なかったそうですが，「Xの会」の取り組みなどをしていることを地域の人から聞き，入園することになったそうです。

　次に，「Xの会」で視聴したAの3つの場面を映像で順に確認し，それぞれについて感想や印象を聞いてみました。ここでは，2つの場面を取り上げます。

〈場面1－1　砂遊び〉

　11月頃の映像で，Aが同じクラスの男児と一緒に砂遊びをしている場面でした。1分45秒の映像です。Aは魚の形をした砂の型抜きを持って，友だちと向かい合っており，お互いに砂場で様々な模様を作っていこうとしていました。映像の最初の方で，友だちがAの方から砂を持ってこようとするとき，「ごめんね」という言葉がAからありましたが，何に対しての謝罪なのかはよくわかりませんでした。全体として明確な言葉のやりとりが多くあるわけではない場面でしたが，Aと男児との間で，手探りで遊びを生み出そうとしている様子でした。2人の間には，不思議な空間があるように筆者には感じられていました。この場面を母親はどのように受け止めたのかを尋ねたのが〈語り1-1〉です。

〈語り1－1〉

筆者：2人の不思議な空間があるのかなと思って見てたんですが。見て，どのような印象がありますか。

母親：なんかお友だちが魚の形の，砂の型抜きを持ってるから，「たい焼き？」って聞いてくれてましたよね。でも，それにたぶん何も答えてないのは，その，やりとり苦手なんですよね。それ，Aに対して，持ってる魚のことをたい焼きかって聞いてるのが，たぶん認識してないっていう感じがありましたね。

　　　だから，その，何ていうんだろうな。今，お友だちがこうやって砂を外にやろうとしていたのを，Aがもう一回敷き詰めましたよね。たぶんその辺りぐらいから合わそうとしてくれてるような感じが見受けられたので。なんかこういう感じで遊んでたんだなっていう感じですね。だから無理に，お友だちも自分のやりたいことをつき通すタイプの子じゃないので，なんかうまく流れていってるなっていう印象がありますね。

筆者：合わせてくれてるかなっていうような印象が。

母親：そんな感じがしますね。遊び方としては，私が公園とかで見てた感じの遊び方をしてるなっていう。なんかぶつぶつ，自分の中で言ってるんですよね。言いながら砂を伸ばしたり，それをまた集めたりっていう。なんかこの行動は私も見たことあるなっていう遊び方をしてるんですけども。ち

ょっと<u>お友だちのやりとりは，ごめんねって思っちゃう感じですね。なんか</u>。

筆者：この子自身も合わせつつ，Ａのそばにいるのがすごくいいなと思って，見て。

母親：そうね，楽しんではくれてるけども。<u>うーん，ていう印象ですかね</u>。

筆者：最初，「ごめんなさい」って，なんか言ってたかなと思うんですけど。それは何に対してなんだろうっていうのが。どうですか。

母親：何だろう。たぶん，お友だちがこうしてほしかったとか，こうやろうよとかって言ってもらったんだと思うんですよね。そのことがちょっと理解できなくて。自分（Ａ）がうまく，そのやりとりできなかったんだろうなっていう雰囲気はわかるみたいなんですよね。そのときに，「ごめんなさい」とかって言うのはありますね。

筆者：お母さんと遊んでるときもそういったことは。

母親：そのお友だちとのやりとりで，意外とそこはすぐ謝るんだなと思うことはあって。なので，たぶん何を言われてて，どういう理屈でこう言われたのかっていうのはわかってなさそうなんですよね。でも，ちょっと自分のやったことが相手の希望に沿わなかったというか，相手が思ってたこととは違ったんだなっていうことは感じてるみたいなんですよね。そのときにごめんなさいとか，すいませんとかっていうふうに言うようになってて。

筆者：お伺いして，確かにその状況が理解できないまま遊んでいるんだけど，相手がちょっとなんか違うなとかそういうことを感じるっていうのは，逆にすごいなと思うところもあって。Ａの素敵なとこだなって。

母親：逆に自分がこうしたかったとかっていうことを主張するほうが彼にとっては難しいのかなと思うんですよね。やりたいことが明確ではない部分も多いので。やっぱりその場に流される感じではあるんです。

〈メタ観察 1 － 1〉

「Ｘの会」では，Ａの日常の姿としてこの場面が取り上げられ，後に続く場面と合わせて，周囲の子どもたちとの遊びが生まれつつある様子として取り上げられていました。筆者自身もその文脈から，どちらかと言えばＡらしい対人

関係の取り方として，この場面を受け止めていました。しかし，母親としては
Aのやりとりの苦手さが感じられる場面で，何か物足りない印象をもってい
るようでした。「うーん」という言葉の裏側には何があるのでしょうか。

　この場面の最初に聞こえた，Aの「ごめんなさい」という言葉に着目し，そ
の受け止めを母親に聞いてみました。すると，Aが周りの思いとの違いを感じ
やすいと思われる面や，A自身の内面では何かやりたいことはあるのだろうが，
それがはっきりとは周りの子どもたちには伝わりにくい面があり，Aが周りに
流されてしまうと感じているところが母親にあるようでした。

　Aについて語っていく中で，同じ場面でも筆者の受け止めと母親の受け止め
とが異なっていることが徐々にわかってきました。母親からすると，Aらしい
人間関係の取り方というよりも，Aが周りの状況を認識することや理解するこ
との難しさがあり，同じクラスの子どもとの間でやりとりの生まれにくさがあ
ると感じている面が見えてきました。一方で，Aが周りの様子を敏感に察する
ところがあり，日常を共にする母親ならではの視点のあることもわかりました。
母親との受け止めの違いを感じ，筆者自身も認識を修正しながら，話を聞くこ
とになりました。

　次に，〈場面1－1〉の続きで，30秒程度の映像を視聴しました。Aと男児
だけでなく，徐々にクラスの子どもたちも遊びに参加してきていました。その
中で女児がAに近づき，何かしらのやりとりをしていました。その後，女児は
「毒だよー」と高い声で楽しそうにAはじめ周囲の子どもたちに伝えます。も
らったものが毒だったことがわかり，Aは周りの子どもたちと同じく倒れてい
きました。筆者からすると，周りの子どもたちとのほほえましいやりとりのあ
った場面でした。

〈語り1－2〉
筆者：という場面なんですけども。どうですかね。
母親：これ，最初にアイスクリームを持ってきてくれたときに，毒だよって言
　　　ってくれてたんですかね。
筆者：たぶん，そういうことかなと。

母親：Aの後に，Aの隣の子に食べさせてあげてたときは，毒だよって言って渡してましたよね。

筆者：はっきり言ってましたね。

母親：だから毒だよって（男児に言ったのを）聞いて，（Aは）そういう反応なのか，どっちなんだろう。

（中略）

筆者：なんか食べたら「毒だよ」って（女児が）言ってるのかなと思って。

母親：言ってもらったんですね，「毒だよ」って。

筆者：で，え？って固まってる感じが。

母親：それを聞いてのリアクションだったんですね。

（中略）

母親：なんかおもしろいなと思って。リアクションもAらしいなっていう感じがしますね。

筆者：どういったところが。

母親：ちょっと，「うえ」って言いながら倒れるところが。家でも，外でもおちょける感じがあるときは，ああいう感じで振る舞うので。そのリアクションを求められたのかな。それを期待しての毒入りアイスなのかな。

筆者：女の子がですね。イメージが共有できてるというか。この4人の。

母親：そうですよね。毒入りだよって聞いて，そういうリアクションっていう。

筆者：こういうのすごく，個人的にはいいなと思いながら。それに乗れてるのもすごく。

母親：伝わってるんですね。本当だ。

筆者：たぶん毒だっていうのは，本人も想像してなかったのかなと。

（中略）

母親：こういう感じが日常なのかなって思って，見てましたけど。

筆者：女の子が最初，Aのところに行ったのも，Aが受け入れて。（女の子からすると）自分のやりたいことを受け入れてもらいやすい子なのかなというところで，最初行ったのかなと勝手に解釈したんですけど。

母親：なるほど。でも，そういうのはあるかもしれませんね。

筆者：相手のやっていることに乗るのはできるというか。ある感じですかね。

母親：ある程度わかりやすい要望であればたぶん応じるというか，乗りやすいんじゃないですかね。

筆者：乗りやすいイメージがあると。

母親：そうですね。特にこだわりが強いっていう感じではないんで。

〈メタ観察1−2〉

　この映像は，発表者と母親とで何度か見返すことになりました。女の子の言葉に対するAのリアクションや，女の子が他の男の子にも毒入りアイスをあげているのを見ているAの様子，毒入りアイスクリームを食べてふらふらし始めた男の子の様子を察知して，倒れ込んでいくAの様子などを見ました。

　〈メタ観察1−1〉で述べたように，Aがこの状況をどのように認識しながら過ごしているのかを確認している時間になりました。そして，母親からしてAらしさの感じられる，家庭でも普段から見られる「おちょける」姿であったようです。こういった様子が保育でも日常にあると感じていたことがわかりました。

　また，母親と映像を見ていく中で，Aは，アイスを配っていた女児からリアクションを期待されていた面もあったのではないかという話になりました。筆者からすると，女児がAに最初から向かっていったので，遊びに乗ってくれるかもというAに対する期待感があったのではないかと推測していました。母親からしても，子どもたちの中でイメージの共有がされ，Aにもしっかりと伝わっているという実感が生まれたようでした。

　Aの周りの様子を敏感に察するという面が，周りの子どもたちからすると，遊びのイメージを共有してもらいやすい子であるという受け止めになっているようで，わかりやすいイメージの遊びであれば流れに乗れると母親も受け止めていました。一方で，最後の「特にこだわりが強いっていう感じではない」という母親の言葉は，ASDの特性を意識している面があったことを感じさせるとともに，〈メタ観察1−1〉で述べたA自身のやりたいことのわからなさと表裏一体の面もあるように思われました。

〈事例1のまとめ〉

　事例1の母親の語りは，終始，穏やかな口調でしたが，Aがどのように状況を理解しているのかを，丁寧に1つ1つ確認していく母親の姿勢がありました。これまでのAとの関わりの歴史の中で，周りの状況を認識することの難しさ，やりとりの苦手さをAが抱えていることを母親は感じているようでした。それゆえ，周りから肯定的に捉えられる場面であったとしても，丁寧にAの状態を読み取っていこうとしており，Aの視点を十分に理解したうえで，Aと周りの子どもたちとに生じていたやりとりを意味づけていこうとしていたと考えられます。

　また，周りの子どもたちとのやりとりの中では，やりたいことがわかりにくい面があるとともに，周りの状況を察して合わせてしまう面がAにはあるようです。一方で，周りの子どもたちとの遊びの流れに乗ると，生き生きとした姿を見せてくれる面もAにはありました。これらのAの姿を含みこんだうえで，Aと周囲の子どもたちとの間でイメージの共有されているやりとりや遊びであったかどうかが，母親の大切にしている視点の1つであり，その意味づけに正負両面の情動の動きがあることが見出されました。

(3)　事例2の検討

〈背景〉

　事例2で検討するのは，男児Bとその両親の語りです。2歳児クラスから協力園に入園しました。ずっと水遊びをすることや，なかなか視線の合わないことがあり，園との相談のうえでセンターでの療育を受け，3歳のときにASDであることを伝えられました。

　父親は予想していたようでしたが，母親は薄々感じていたものの，診断をされたのはショックで，しばらくの間はなかなか受け入れられなかったとのことでした。語りを聞いた当時は，母親は「普通の子って育てるより，変わった子だからって育てたほうが，自分の気持ちの切り替えもしやすいし，ちょっと特徴があったほうが才能が伸びるかなっていう逆転の発想」で受け止めていると語っていました。

　事例1と同様に，「Xの会」で視聴したBについての4つの場面を映像で順に確認し，それぞれについて感想や印象を尋ねました。ここでは，花いちもんめをしていた場面を取り上げます。事例1と同様に，メタ観察で考察した箇所には，下線をつけました。

〈場面2－1〉

　「Xの会」でも視聴した，3分くらいの花いちもんめをしている場面をBの両親と共に視聴しました。前半は，Bが周りの子どもと手をつなぎ，花いちもんめの活動に参加しているように見える場面でした。

〈語り2－1〉

筆者：どうでしょうか。

父親：こんなんぶっちゃけ言ったらあかんねんけど，全然楽しんでない。

筆者：そうなんですか。

母親：なんか嫌なんだろうなっていう。

父親：完全に「はー」って感じっすね。

筆者：なされるがまま。

父親：ルールがきっとわかってないんでしょうから。お付き合いって感じなんやろう。うまいこと我慢してるなっていう感じです。

母親：頑張ってるなっていう感はあります。

父親：「はー」ってため息しながらやってるんで。

筆者：お付き合いしてる感じ。

父親：お付き合いですね。頑張ってんなっていう感じが。

母親：私も思いました。やらされてる感，満載だなっていう感じはしました。

筆者：なるほど。

父親：家やったら手振りほどいてどっか行くっていうパターンですけど。

母親：友だちがいるから。

父親：友だちいてやってるなっていう。

筆者：読み取れていませんでした。ため息とかするところで，そういうことを感じられて。一緒にいたらいいんじゃないかというか，楽しんでるんじゃ

ないかなって見がちなんですよね。（ご両親は）表情から読み取られたのですね。

父親：完全なる無表情。

筆者：無表情。

母親：いつ終わるんだろうっていう，そんな感じだね。

筆者：時間が流れていく感じが。

母親：たぶんこれが終わったら，しゅって走ってっただろうなっていう。

〈メタ観察2－1〉

　花いちもんめの場の全体の様子は明るく，子どもたちの歓声も多くあったことから，誰もが楽しんでいるように感じていました。しかし，両親からすれば，このときのBの表情や様子を見て，お付き合いしている感じや，やらされている感じを抱いていたことに言及されており，筆者自身の読み取りの甘さを反省することになりました。

　保育において，ASDのある子どもがみんなと一緒にいることで，場面に参加ができていると捉えて，そこに喜びを感じてしまうことがあります。しかし，それは表面的なことで，その活動に本人がどのように参加し，過ごしているのかが重要であることはいうまでもありません。また，そこにこそ親の意識が向くことを改めて感じさせる語りでした。

　Bがこういった様子を見せるとき，家庭ではどこかに行ってしまうようです。しかし，この場面では我慢をしているように両親には感じられていました。母親はそれを友達がいるからという環境に目を向けて受け止めており，父親もそれに同意していました。

　この語りを通して筆者が興味をもったのは，父親が語っているBが「うまいこと」我慢しているというのはどういうことなのか。また，ルールに対する言及もあったことから，集団という場で育つことに対して，両親はどのような思いを抱いているのか。こういった関心を筆者がもちながら，次の〈場面2－2〉を視聴することにしました。

〈場面2－2〉

〈場面2－1〉の続きで2分くらいの映像です。Bのチームの人数が徐々に減る中，Bの名前が呼ばれ，じゃんけんをすることになりました。そこで，Bは見事にじゃんけんに勝ちます。周りの子どもは盛り上がり，Bもその輪の中で手をあげて喜んでいるようでした。

〈語り2－2〉

筆者：というような場面なんですが，どうでしょうか。

父親：花いちもんめは勝ったのもわかってないっていう感じで。

筆者：そういう感じですか。

父親：みんなが喜んでるから「やったー」って最後，言ったな。

母親：<u>ちょっと間がありました。</u>

筆者：間がありました？　間があって「やったー」って言うところ。

父親：ぽかーんって感じやったんで。

（中略）

筆者：「やったー」はワンテンポずれてるっていうところですね。

父親：全て。恥ずかしいとかはすごい敏感なので，人と同じことをしたいっていうタイプというか。だから，基本目立ちたがり屋なんですけど，そういうところは守りに入るというか，ワンテンポ遅れながらきっちりみんなに合わせてっていう。

（中略）

母親：私は喜怒哀楽，楽しい怒るっていうのはたぶん，わかると思うんですけど，やっぱり，まだまだかなっていうとこがあって。テレビとか見てても感動する場面とかあっても，「アハハハ」って笑ったりとか，「えっ」て思うときもあるし，主人をたたいて「いたたたた」ってやっても無視したりとか，そういう相手が感動してたり，泣いたりとかっていう，まだ喜怒哀楽っていうのがわかってないですかね。だから，こうやって見てても，相手が「あー，取られちゃった」とか「やったー」とかって言っても，ルールわかってないのもあるんですけど，でもあるじゃないですか，感情を出す。

筆者：やったーとか，嫌だなとかそういうところ。

母親：そうです。そういうのがまだちょっとないのかなっていうのはあります。だから，今回も上の年長さんが卒園したのも，普通だったらちょっと寂しいとか悲しいとかっていうのもあるけど，なんで？　みたいな感じなので，そういうところが成長するといいのかなっていうのがあります。

（中略）

母親：場の空気は読めるけど，自分の感情のコントロールが。無表情なので。さっき見てても，「やったー」とかって，周りが言ったから言わなきゃっていう感じに私は捉えてたんです。

筆者：そこに乗ってる感じですかね。自分の感情。

母親：そんな感じがしました。

父親：確かに。物事がわかって。卒業されたお子さんのお母さんのことがすごい好きで，いつも毎日あいさつしてて，卒園，最後のとき，「もう明日から会えないからね」って言うと，「え？」みたいな顔したんです。だから，わかってないからそういう形なのかっていう感じなんです。

〈メタ観察2－2〉

　この場面は，じゃんけんをすることになったBに注目が集まっている場面で，じゃんけんも勝っていたことから，肯定的な受け止めがなされるのではないかと筆者は想定していました。

　しかし，〈メタ観察2－1〉での両親の受け止めにあるように，Bは花いちもんめを楽しんでいるようには見えず，むしろ嫌がっているようです。じゃんけんで勝った場面も，微妙な間が生じたことから，ルールの理解がどうだったのかを両親は疑問に思っているようでした。

　また，母親と父親との間で，Bに対する受け止めにやや違いがあるように筆者には感じられました。父親は，ルールの理解がまだ十分でなかったことを前提に，遅れながらもクラスの子どもの反応についていこうとする姿と受け止めており，そのついていこうとする面を「うまいこと」と表現していたようです。Bの認知面に焦点を当てた受け止めであったと考えられます。

　一方で母親は，ルールの理解の不十分さの部分で父親に同意をしつつ，周り

の子どもたちの感情変化は読み取っている，感じられているのに，Bの感情が
なかなか表出されないことにもどかしさを抱いているようでした。感情面に焦
点を当てた受け止めであったと考えられ，感情面がもっと成長してきてほしい
という願いが感じられました。

　どちらの受け止めもそれぞれに的を射ており，母親と父親ですれ違っている
というよりも，お互いにそれぞれの見方を尊重している語りでした。そして，
どちらにも共通していたのは，Bの視点に立って，内面を読み取ろうとする姿
勢があるとともに，それぞれがBに対する願いや希望をもっており，そこがな
かなか叶えられない面があるように感じられました。

〈事例２のまとめ〉
　この対話をしているときの両親の声は終始明るく，笑いながら話を進められ
ていました。両親共にBをかわいく，大切に思っていることは，筆者に強く
伝わってきていました。

　事例２全体として，この花いちもんめの場面は，両親が肯定的に受け止めて
くれるのではないかという筆者の淡い期待がありました。それは，事例１につ
いてもいえることで，周囲の子どもたちと何らかのやりとりが生じていること
自体にうれしさを感じていたからでした。

　しかし，その筆者の期待とは裏腹に，Bが無表情のままでやらされている感
じや，集団の中でいるから，遅れながらも周りに合わせようとしている面，場
の空気を読んでいる面がBにあることを両親はつかみとっており，Bの親な
らではの深い読み取りがありました。Bの内面の動きを両親共に感じ取ってい
たことが興味深いところであり，日常からこういったBの姿を受け止められ
ていたことがうかがえます。

　一方で，〈メタ観察２-２〉で述べたように，父親と母親との意味づけには
相違も見られました。父親は，状況を理解していく認知面の理解がBにはま
だ十分には進んでいないことを感じていました。母親は無表情ではなく，Bの
喜怒哀楽という感情がもっと表出されてもよいのではないかという思いがあ
りました。逆に言えば，よく周りを見て，状況に対する理解をしていってほし
い，感情を豊かに表現していってほしいという，両親それぞれの意味づけにB

に対する願いも込められているといえます。そして，願いや希望があるゆえに，それがなかなか叶わないときに，もどかしさを抱えることになるのではないでしょうか。

③ 「わが子らしさ」の両面性を基盤とした「家族の流儀」の形成

⑴ ASD のある子どもを育てる親の捉える「わが子らしさ」にある両面性

ここまで 2 つの事例を提示し，それぞれの親がわが子の姿をどのように受け止めたのか，その意味づけを検討してきました。両事例に共通していたのは，わが子に対する内面の繊細な読み込みが親に生じていたことです。一見，周囲の人からすると肯定的に捉えられやすい場面であったとしても，安易に意味づけようとはせず，その姿を丁寧に読み取っていこうとしており，「わが子らしさ」を探ろうとするプロセスが見出されました。

本稿で取り上げた語りから見出された「わが子らしさ」には両面性があると考えられます。1 つには，保育場面での状況の理解の難しさやイメージの共有の難しさ，感情の表出の難しさなど，ASD のある子どもならではの行動が生じたときに，「わが子らしさ」を感じている面がありました。ASD 特性を「わが子らしさ」としてみる眼差しを親が有しているといえます。

もう 1 つには，周りの様子を敏感に察しながら，遊びの流れに乗ろうとする A ならではの姿を母親が感じ取ったり，遅れながらも周りに合わせようとするのに，そこに感情表現がなかなか伴わない B の姿にもどかしさを両親が感じていたりするように，親にこれまでの関係や日常の中で形成されてきた子ども像に類似した姿が見られたときに，「わが子らしさ」を感じている語りがあり，そこには子どもに対する愛おしさもあるとわかりました。

定型発達においては，後者の面に「わが子らしさ」を感じることが多いと思われます。しかし，柳楽・吉田・内山（2004）も指摘しているように，ASD のある子どもを育てる親においては，前者の面が加わっていることがインタビューから示唆されました。このように，わが子の姿を意味づけていこうとした

とき，ASDのある子どもとしての「わが子らしさ」の面に加えて，日々の生活にあるいつもの「わが子らしさ」という2つの面を織り交ぜながら「わが子らしさ」を探ろうとするプロセスがASDのある子どもを育てる親にはあると考えられます。

この背景には，グリフィン（Griffin, 2020）が"Charmolypi"というギリシャ語によって表現しているように，幸せと悲しみとが同時に入り混じった複雑な情動をASDのある子どもを育てる親は経験していることがあると考えます。2つの事例から導き出された「わが子らしさ」においても揺らぎが生じているように，親の意味づけには，正負両面の情動，わが子の現状に対する肯定面と否定面，これからに対する期待と不安など，多様な側面における均衡があると考えられます。それゆえ，親のwell-beingは情動面の均衡がほどよく調整されたり，崩れたりしながら，動態として変容していくと考えられます。前述のとおり達成され，完成された最終的なゴールがwell-beingでは決してないのです。

⑵　親のwell-beingを保つ営みを通して形成される「家族の流儀」

親のwell-beingを動態として捉えることによって，ASDのある子どもを育てる親はわが子の姿からポジティブな意味合いだけでなく，ネガティブな意味合いをも含みこまれた受け止めをしているということができます。どちらか一面に偏ることはないといえることから，支援者は親の相談や語りにある正負両面の意味合いを丁寧に読み取っていく必要があるといえるでしょう。そして，その意味合いを読み取っていくためには，親それぞれが子育ての中で大事にしている視点，「家族の流儀」の根幹にあるところを支援者がつかんでいくことが欠かせないことが本稿の語りから浮かび上がってきます。

具体的に述べていきますと，事例1においては，Aと周りの子どもとの間で遊びややりとりの意図が共有されていることが，母親の大切にしている視点として浮かび上がってきました。その共有がうまくいっているかどうかで，Aの姿の意味づけは変わってきます。事例2におけるBにおいても，よく周りを見て状況に対する理解をしていってほしい，感情を豊かに表現していってほしいという，両親それぞれのBに対する願いに基づいた意味づけがなされてい

るとともに，それらがうまくいかないがゆえに生じる親としてのもどかしさの
あることも見出されました。

　これらの事例から導き出されることとして，親それぞれにかけがえのないわ
が子に対する親としての願いや希望があるということです。これは ASD をは
じめ障害の有無にかかわらず，子どもを育てるほとんどの親がもっているとい
えるでしょう。そして，親が子どもに対して抱く願いや希望は時には叶えられ
ることがあり，喜びやうれしさを感じることもある一方で，うまくいかないこ
ともたびたびあり，満たされない思いをもつことや，わが子に対して苛立たし
い感情を抱いてしまうこともあります。これらも障害の有無にかかわらず，親
が子どもに対して抱きやすい心情といえます。

　こういった背景を踏まえたうえで，ASD のある子どもを育てる親の場合に
おいても，正負両面の情動の揺らぎが生じ，その揺らぎを調整しようとすると
き，子どもの見せるさまざまな姿に「わが子らしさ」の両面を見出しているこ
とが本稿の事例からはうかがえました。すなわち，ASD特性ゆえに生じた姿
として意味づける面と，これまでの家族の生活の中で培われてきた姿として意
味づける面の両面から，「わが子らしさ」を見出そうとしているのです。そう
することで，正負両面ある情動の均衡を図ろうとし，親自身の well-being が保
たれていたのでした。

　親が自身の well-being を保とうとするプロセスにおいては，Aの母親のよ
うに「わが子らしさ」を前向きに捉えようとすることもあれば，Bの両親のよ
うに「わが子らしさ」をもどかしく感じることもあり，well-being には多様な
様態がありえます。この多様な様態に，これまで家族がどのような歴史を歩み，
どのようなポリシーで子育てに向き合ってきたのか，それぞれの家族に固有の
「家族の流儀」が滲み出てくるのです。

　ここまでの議論をまとめると，ASD のある子どもを育てる親はわが子に願
いや希望をもち育てていくがゆえに，それが叶えられるときもあれば，うまく
いかないときもあり，正負両面の情動を経験していくことになります。そして，
それらの情動の均衡をとろうとするとき，「わが子らしさ」の両面性を基盤と
して，親の well-being を保とうとする営みが積み重ねられていきます。そこで
生じる多様な well-being の様態から「家族の流儀」が形成され，更新されてい

くのではないでしょうか。

　この考えに基づけば，ASD のある子どもを育てる親を支えようとする支援者が「家族の流儀」を探究していくためには，「わが子らしさ」の両面性を探索していくことが求められているといえます。「わが子らしさ」を受け止めるプロセスの中に，親が自身の well-being を保とうとする姿が垣間見られるとともに，「家族の流儀」の一端が表出されているからです。

　この「家族の流儀」が生じてくる過程をより精緻に理論化していくためには，本稿で提示した2組の親の語りの1部のみならず，他の家族の語りをさらに検討していくことが必要でしょう。「家族の流儀」の多様な形成過程に迫っていくことを今後の課題として，本稿での議論をひとまず閉じることとします。

注

1　親の内面の動きを語りから丁寧に描き出すことについて，エピソード記述法（鯨岡，2005）を参照しました。抜き出された語りの背景を示し，語りを逐語録に起こしたものを提示したうえで，メタ観察として，その語りをより生き生きと読み手に伝える目的で，研究者が捉えた研究協力者の様子や，その場で感じられたことなどを記しました。

文献

Griffin, J.（2020）．Supporting Parent Carers. *The Psychologist*, June 2020, 28-31.

Griffin, J.（2021）．*Day by Day Emotional Wellbeing in Parents of Disabled Children.* Free Publishing Limited.

Hastings, R. P. &Taunt, H. M. （2002）．Positive Perceptions in Families of Children With Developmental Disabilities. *American Association on Mental Retardation, 107, 2,* 116-127.

勝浦　眞仁（2020）．障害のある子どもをもつ親の揺れ動く心性を探る――園のエピソードを両親と語ることを通して―― 保育学研究, *58*（2・3）, 167-178.

勝浦　眞仁（2021）．親の well-being に関する理論的検討――IDD のある子どもを育てる親の well-being 概念の検討に向けた予備的考察―― 桜花学園大学保育学部研究紀要, *23*, 85-99.

勝浦　眞仁（2022）．IDD のある子どもを育てる親の well-being形成に求められるこ

と——ネガティブ・ケイパビリティの観点から——　桜花学園大学保育学部研究紀要, *25*, 51-65.

鯨岡 峻（2005）. エピソード記述入門——実践と質的研究のために——　東京大学出版社

Larson, E.（1998）. Reframing the meaning of disability to families：the embrace of paradox. *Social Science and Medicine, 47*(7), 865-875.

Minnes, P., Perry, A., & Weiss, J. A.（2015）. Predictors of distress and well-being in parents of young children with developmental delays and disabilities: the importance of parent perceptions. *Journal of Intellectual Disability Research, 59*(6), 551-560.

Nelson, S. K., Kushlev, K. & Lyubomirsky, S.（2014）. The pains and pleasures of parenting: When, why, and how is parenthood associated with more or less well-being? *Psychological Bulletin, 140*(3), 846-895.

沼田 あや子（2018）. 発達障害児を育てる母親の迷いの語りの探求——他者は母親のなにに寄り添うことができるのか——　心理科学, *39*(2), 44-57.

山根 隆宏（2014）. 自閉症スペクトラム障害児・者の親は障害をどのように意味づけているのか——Benefit Finding と Sense Meaning からみた予備的検討——　奈良女子大学心理臨床研究, 49-56.

柳楽 明子・吉田 友子・内山 登紀夫（2004）. アスペルガー症候群の子どもを持つ母親の障害認識に伴う感情体験——「障害」として対応しつつ, 「この子らしさ」を尊重すること——　児童青年精神医学とその近接領域, *45*(4), 380-392.

[4] ASD のある子どもを育てる母親の迷い
——子どもと暮らす日々が「家族の流儀」をつくる

沼田 あや子

① 発達支援のはざまにいる母親

　ASD のある子どもへの支援において，その家族への支援も重要とされています。子どもと生活を共にしているのは家族であり，子どもに関する決定には親が関わるからです。さまざまな障害の中でも，ASD のある子どもの子育ては，ストレスが高い傾向にあることがわかっています。理由は障害特性の強さによって異なると思われますが，動きが激しくて目が離せないなどの子どもの行動面，世話する時間の長さ，そして親（特に母親）が育児への自信をもてないことが挙げられます。特に，子育てに対する自己効力感の低さは母親の生活の質（QOL）を下げており，母親自身のためのサポートが必要だといわれています（浅野ら，2011）。

　支援者は，そんな母親の負担を少しでも軽くしたいと願うわけですが，現在ASD のある子どもの親支援をする側から見た風景と受け取る側の評価には，ズレがあるようです。子どもの発達の見立てや情報提供については，母親は肯定的に評価していますが，母親自身がエンパワメントされたかどうかは不確かなままです（野田，2012）。見逃されそうになるこのズレは，親が支援のはざまに置かれて，心理的な支えが足りないことを示しています。母親の本音は，SNS や子育てマンガなどで発信されています。筆者の友人で，発達障害のある子を育てる母親は，「SNS上の同じ立場のお母さんたちがいちばん心の支えになった」と話してくれました。

　ASD のある子を育てる親が相談する場は，自治体の相談窓口（福祉，母子保健，教育），療育機関，保育所，幼稚園，学校などがあります。たくさんあ

るように見えますが，そこで話されていることを思い返すと，内容は子どもの
ことばかりだということに気がつきます。親も支援者も，共通の願いは子ども
の健やかな育ちですから，当然といえるでしょう。しかし，それでは親のこと
「だけ」を一緒に考えてくれるのは誰なのでしょうか。相談という限られた時
間の中で自分の悩みを話しながら，「あ，ごめんなさい。私の話をしてしまっ
て……」と言う母親は少なくありません。支援の主人公は子どもであって，家
族は脇役という認識があるようです。

　それから，家族支援において，家族とは具体的には誰を指しているのか曖昧
であることも，母親をさらに脇役に追いやります。日本の典型的な家族を想定
すると，父親，母親，きょうだいですが，主に子どもの世話をしているのは圧
倒的に母親です。その中で，障害のある子のケアを担うのは母親であること
が当然視されているのが，日本の現状です。そのために母親の就業機会が狭め
られていることは深刻な問題です（藤原，2006）。国民全体を見ても，日本に
おいて子育て役割は母親に偏っています。2020年に OECD（経済協力開発機
構）が公表したデータによると，日本の女性が家事・育児などの無償労働に割
く時間は男性の 5.5 倍であり，先進国の中では突出した格差があるということ
がわかっています。

　このように，現在の日本では，家族の中で母親と父親の子育て役割が平等で
あるケースはまだ少ないことから，本稿では主に子育てを担っている母親に焦
点を当てることにします。また，筆者はこれまで，研究・支援の場・プライベ
ートで発達障害のある子を育てる母親の語りを聴いてきた中で，父親と母親を
同等に捉えると見落としてしまう問題があると考えるようになりました。ジェ
ンダーの視点をもちながら母親たちの声からその背景を読み取ろうとしたとき，
保護者ゆえの迷い，わが子の ASD 特性と向き合う母親の迷い，一人の女性と
しての迷い，3つの迷いがあることがわかってきました。

② 母親の３つの迷い

(1) 主体的な判断の裏側

　何かを決めるということにはエネルギーが要ります。ASD のある子の支援にまつわる判断をするときの難しさは，障害の現れかたが環境によって変わること，時間の経過とともに変化することにあります。ASD は社会との関係によってその特性が強く出現するので，環境調整が支援の鍵となります。わが子に ASD がある場合，その子の発達のステージに合う環境を選択するのは，支援者の助言を受けながらではありますが，最終的には保護者である親が判断することになります。

　定型発達であれば免除される（もしくは喜びですらある）判断の連続は，子どもが小さいときから始まります。幼児期に発達の偏りがあるとわかると，支援者からの情報提供により，母親は複数の選択肢があることを知らされます。母子保健事業のあそびグループ，医療機関の療育，児童発達支援の通園施設，保育園，幼稚園，それらと療育の併用などの選択肢です。それらを母親が聞き取って，メモして，家に帰って父親に説明する家庭が多くみられます。そして，何をどう利用するのかを両親が決めることになりますが，そういった判断も母親に任されるケースは少なくありません。

　支援者が支援について説明するときに，それぞれの支援の特徴（場所・費用，親の就業の調整の必要性など）を伝えます。そのときに支援者側が大事にしているのは，親が主体的に選択できるように情報を伝えることです。これは，現代の福祉や心理支援において重要とされています。しかし，このような場面の矢面に立たされる母親には，本当に主体的に物事を決めている実感はあるのでしょうか。

　わが子のためを思い，多様な情報や意見を集めれば集めるほど，どの選択が最善なのか迷うものです。現代社会は情報があふれていて，インターネットで検索すると，広告か情報サイトか区別がつかないようなものが最初に出てきます。動画サイトでは，子ども本人を登場させたものまであります。「療育を紹

介されたけど，うちの子は受けさせるほどなのか？」「ネットにあった特徴とうちの子とは違うから，心配しすぎなのかも？」「もうちょっと待ってみてもいいのではないか？」という気持ちの一方で，「でも早くに受けさせないとこの後どうなるんだろう？」という不安もぬぐいきれません。親であれば当然の心理かと思われます。

　さらに，発達障害は，発達の道すじに伴ってその様相は変化するために，母親の決断は一回では終わりません。発達のステージと環境との兼ね合いによって困ることが少なくなったり，多くなったりします。たとえば，幼児期には本人のペースを尊重してもらい穏やかに過ごしていても，学校に入ると時間で区切られることやたくさんのクラスメートと一緒に教室にいることが苦痛になることがあります。また，思春期に入ってから自分を客観的に見られるようになると急に気持ちが不安定になることもあります。それが就業後にやってくる場合もあります。成長とともに，子どもの希望を尊重しようとすると，子どもの希望と実現可能性とのあいだで，折り合いをつけなければなりません。このようなわが子の発達の節目のたびに，親は判断を迫られます。

　子どもの年齢に伴って相談する支援者が変わることが多いため，母親は複数の支援者とつきあっていくことになります。そのメリットもあれば，デメリットもあるでしょう。教師，心理士，医師，それぞれ違う価値観をもった支援者と向き合いながら，敏感な母親であれば，支援者の意図を「ああ，この人たち，私にこっちにしろと言っているんだな」と感じ取ったりもします。このように，実際は社会との兼ね合いを考えながらの判断となります。

　近年，支援者にとってインフォームド・コンセント（説明と同意）は義務となっており，支援を受ける側と対等に物事を決めるためにも大切な手続きとされています。しかし，「決めるのはあなたですよ」という姿勢は，主体性を尊重している一方で，母親は迷いの渦に置き去りにされたような気持ちになるという側面ももっています。特に子どもの養育が母親に偏っている場合，母親は子どもの将来が自分の決断にかかっているというプレッシャーにさらされます。処理しきれないような情報の中に放り込まれ，母親は能動的であるようで，じつに受動的な状態で判断をしているのです。

　さらに，親を迷わせるのは，昨今の発達の偏りを脳の多様性と捉える考え方

と日本社会の現状とのずれです。マイノリティの社会運動から生まれた「ニューロダイバーシティ」という概念によって，発達障害は能力の欠如ではなく「人間のゲノムの自然で正常な変異」というパラダイム転換が提案されました。また，2019年に改訂されたWHOの国際疾病分類において，発達障害は神経発達症という呼び名に変えられました。発達障害は強みと困難をもち合わせた脳の多様性の１つであるという捉え方がここに反映されています。

　おそらく多くの人は「みんなちがってみんないい」，ちょっと変わったところは脳の多様性であって，一人ひとり違う個性の中の１つなのだという見方に異論はないでしょう。しかし，いざ当事者となるとそれは揺らぐようです。多様性が，すべての差異を大切にするといった「ハッピートーク」として語られると，問題は存在していないかのような平等幻想を創り出す側面があります（岩渕，2021）。理念では，脳の多様性と捉えても，現実にはわが子は社会生活で疲弊しているからです。ある母親は，「個性を大切にとよく言われるけれども，実際にこんなに困っているのだから，個性個性と言われると腹が立ちます」と怒りを語ってくれました。理念と母親が直面している現実のずれが，母親のさまざまな判断を難しくしている要因のひとつになっていると考えられます。

(2)　目立たない深い傷

　言語能力に遅れがなく（むしろ言葉は達者で），ASD特性がある子の中には，幼稚園でも学校でも何か問題を指摘されることはなかったけれども，母親はわが子の「扱いにくさ」をずっと感じてきたというエピソードをよく聴きます。母親に対しては言うことをきかない，無理難題を言う，こだわりが強くなる，小さなことでも何か指摘されると泣いて怒る，暴言を吐く，きょうだいをいじめる，などです。思春期くらいに，母親が困り果てて相談に訪れたときには，もう親子の関係がこじれているということがよくあります。

　近年，ASDのある子の「カモフラージュ」行動について，あきらかになってきました。カモフラージュとは，ASD傾向をできるだけ目立たせないようにするために社会的に学習した方略を駆使することです。特に女の子は，多数派の女の子・女性らしくする苦悩と発達障害を見えないようにする苦悩の，二

重構造で苦しんでいるといわれています（木谷，2022）。カモフラージュ行動は，周囲に合わせるスキルを獲得できるという「功」の面もありますが，社会的スキルを過剰に周囲に合わせることを続けた結果，自己否定が強くなったり，感覚過敏の影響も相まって不安や抑うつが強くなったりするという「罪」の面もあります（岩男ら，2022）。カモフラージュと自分らしさのバランスをとれる子もいるようですが，カモフラージュするのに精いっぱいで自分らしく振る舞えない子が，どこかで埋め合わせすることになるのは当然かと思います。

　子どもの立場に立つ支援者にとっては，集団の場で過剰適応して疲弊して，家庭で暴言を吐くしかない子どもの心情を思うと胸が痛みます。そんな子どもに対して小言ばかり言っていたり，同じテンションできつく言い返したりする母親が，さらに子どもを追い込んでいると捉える人もいるでしょう。過保護と捉えられ，親の問題とされることもあります。そして，「お母さん，ありのままのお子さんを受け止めてあげてください」と助言したりします。しかし，このような状況で，母親も長年傷ついてきているという視点をもつことが重要です。

　誰かをケアする立場の人は，ケアの対象者に傷つけられることが多いといいます。ケアの対象者も傷ついていることが多いからです。傷つき経験と傷つけ経験は反転しやすいという特徴をもっています。傷つき経験のある子の子育ては，母親も傷つく可能性が高くなり，そうすると母親も誰かを傷つけることになりやすいのです。多数派の子育ての苦労とは質が違うということを理解し，母親にこそケアが必要と考えなければなりません。

　母親は自分が傷ついてきたことをあまり語りません。心身に不調をきたすほどにダメージは大きいのに，なかなか園や学校には相談しにくいと言います。筆者が母親の傷つきを知ったのは，発達に偏りのある子を育てる友人との会話からでした。そんな母親たちのつぶやきをいくつか並べてみます。

　　「こちらの気持ちが通じている感覚がない」
　　「尽くしても返ってくるものがない」
　　「ついこちらも言い返してしまうから，それも悪いと思う」
　　「あの子は私のことを恨んでいると思う」

「母親としての自信はまったくもてない」

　1人ではなく，複数の母親たちから同じような言葉を聞きました。精神が不安定になり，薬に頼らなければならない状態になる人は少なくありません。
　母親は，わが子が生まれたその瞬間から朝から晩までお世話をして，ある程度大きくなってからも，生活は子どもを中心にして組み立てることになります。母親として，わが子にとって良いことをしてあげたいと思っています。それなのに，わが子からは母親に対する不満ばかりがぶつけられたとしたらどうでしょうか。見返りを求めているようで言いにくいとしながらも，ある母親は，「正直に言うと，（定型発達の）弟のほうからは，何か返ってくるものを感じる。お母さん，っていう呼びかけひとつであっても。でも，あの子からは何も返ってこない」と語っていました。感謝してほしいという要望とはまったく違うようです。こういった語りをした母親たちは，実際に子どもから「母親失格」というようなことを言われています。

　　「お母さんは私より妹のほうがかわいいんでしょ」
　　「○○くんのお母さんは，ちゃんと話をきいてくれる」
　　「ぼくなんて，いなくなってしまえばいい」
　　「だれも私のことなんてわかってくれない」
　　「死にたい」

　いずれも，母親が傷つき，自信を失ってしまうような言葉ばかりです。
　このことは，けっして子どもが悪いと言っているわけではありません。筆者が以前，どうしてASDのある子どもは似たような言葉を母親にぶつけるのだろうと考えていたときのことです。ある小学校高学年の男の子が，ある日「え？　お母さんは，ぼくの考えていること，全部わかっていると思ってた！もしかしてわからないってこと？」と言ったというエピソードを聴き，合点がいきました。「お母さんは自分の考えを知っているのに思うように行動してくれない」と思っているとしたら，たしかに寂しくて悲しい気持ちになってしまうでしょう。それを母親にぶつけているのです。

　冷静に考えれば，子どもの苦しみと母親の苦しみは，思いの大きなすれ違いによって生じているもので，別の苦しみです。しかし，母親は，母親にぶつけるしかない子どもの苦しみを自分の苦しみのように感じてしまいます。だからこそ，感情的になってしまうのです。そして，言い返してしまう自分を責めてしまいます。多くの母親たちが，「あの子の特性を理解して，私も冷静にならないとだめですよね」と自分に言い聞かせるようにつぶやきます。筆者はそんな時，「でも，お互い人間ですからね。感情をぶつけ合うことがあってもいいように思います」と言うのが精いっぱいです。特性に合わせて合理的に対応することは，他人ならできても，母親だからこそ難しいだろうと思うからです。

　子どもと関係を築くのに苦労している母親は，社会からの評価に敏感で，傷つきやすくなっています。園や学校の先生，支援者による「子どもへの接し方があまり上手ではない」という評価は，直接言われなくても感じるようです。その子の特性を理解して特性に合った対応をするという専門家に期待されるような技と，その子の存在をまるごと認めてあげるという精神的なおおらかさの，両方が求められます。支援者が関わり方の助言をすることも，傷ついて疲弊している母親にとっては，自己肯定感を下げるものになってしまうようです。

　わが子から，社会から，そして自分自身から傷つけられて，母親は二重，三重の傷つきを被っているといえます。母親に残る傷は，「親だから我慢して」と扱っていいものではありません。筆者がこれまで出会ってきた母親たちの多くが，子どもを優先し，母親としての自分を低く評価していました。そして，周囲の人間から見ると，「どうしてそんな判断をしてしまったのかな」と思うような行動をとったりもします。その背景には，そうならざるを得ない親子の歴史があります。それでもわが子の世話をしなければならず，自分の判断に自信がもてずに，迷いながら日々を過ごしている現実があると思うのです。

(3)　言葉にできない経験

　母親としての日々を彼女たちは粛々と受け入れていますが，一人ひとりの声を聴くと，身体感覚を伴った複雑な心理があることが見えてきます。筆者は，何人かの母親のつぶやきから「母親の人生は誰のものなのだろう」と疑問をも

つようになりました（沼田，2021）。そのつぶやきとは，自分が子どもの立場になった夢を見たという経験や，自分の気持ちの浮き沈みがそのまま子どもとリンクしてしまうという経験についてでした。母親と赤ちゃんのつながりは神秘的なものとしてよく語られますが，子どもが大きくなってもそれが続くことは，母親にとってとても厄介なことのようです。

　母親になるという経験は，長らく関心が払われてこなかった歴史があります。1970年代に，その価値を再評価しようという動きが女性から起こりましたが，その後，母性について語ることはむしろ女性の役割を母親に限定する作用があるという批判があり，それ以上深まることはありませんでした。

　それから50年近くの年月を経て，母親になることの経験を綴った2冊の本が話題になりました。その背景には，子どもを産むということが当たり前ではなくなり，選択するものとなった女性たちの逡巡があると思われます。さらにうがった見方をすれば，「すべての女性がかがやく社会」が（少子化対策と労働者不足対策という両面から）目標として掲げられ，社会でバリバリ働きながら子どもを産み育てることが求められる風潮への，「女性が子どもを産み育てることを当たり前だと思うな」という抵抗のようにも見えます。

　2020年に出版された中村佑子の『マザリング　現代の母なる場所』では，映像作家としてキャリアを積んできた著者の，母親となった経験が率直に語られています。たとえば，子どもを出産した後の感覚について，次のような記述があります。

　　　自然と自分の存在は赤ちゃんの方に投げ出され，それは身体の一部がごっそり奪われるような経験だったが，奪われていることにさえきづかなかった。（中略）これまで築きあげてきた自己という表現ではとらえきれない者に，自分が変容していた。（中村，2020，p.5）

　このような身体的な感覚は，多くの母親が感じていてもうまく言語化できないものでした。現代を生きる女性は，学生までは男女の機会の不均衡を感じることなく過ごせます（実際は，不均衡は存在しているのですが）。仕事をこなし，経済的にも自立し，自分と他者の境界をしっかりと引くことができていた

人にとっては，子どもを産んで初めてその境界がなくなるような感覚になるのでしょう。母親たちは，そこからまた境界を引き直す作業を行わなければなりません。

　世の中ではよく，障害のある子どもを育てる母親のストレス軽減の助言として，「自分の時間も大切に」ということが言われます。もちろん，物理的に自由に動ける時間は大切です。しかし，子どものことをすっかり忘れて自分だけのことを考えることは難しいものです。わが子に障害があったり，社会とうまく適応できずに多数派と違う生活を送っていたりして，日常的に世話しなければならないことが多く，将来の心配がつきまとう場合は，特にそうでしょう。母親の身体の一部が自分のものではないような感覚が続くのだと思います。

　上記の本が出版された少し後に，オルナ・ドーナト（Donath, O.）の『母親になって後悔してる』という本が邦訳されて，日本で話題になりました。この大胆なタイトルについて，「よくぞ言ってくれた」という声と「そんな言葉を子どもの耳には入れてはいけない」という声があり，反応は賛否両論あります。

　ドーナトは，事前の調査で「過去に戻ることができるとしたら，それでも母になりますか？」という質問と，「母になる利点は欠点を上回っているか」という質問，両方に否定的であることを「後悔している」と定義しています。そのうえで，該当する女性23人にインタビューをした結果と考察を書き上げました。彼女たちに共通しているのは，「子どものことは愛していて，わが子の笑顔は私にとって世界のすべてと同じくらいの価値がある。でも生まれ変わるとしたら母親になることは選択しない」という心理でした。たとえば，次のような語りがありました。

　　私にとってなにが難しいかというと，人を育てるという責任感です。「いけない，あの子がやらかそうとしている……」と心配する責任感ではなく，いつもここに〔と，頭の後ろを指し示す〕居座っている――私の自由は永遠に失われたという感覚です。（中略）〔母親になる以前は〕自分にだけ責任を持てばよかったし，パートナーは大人なので責任を持つ必要はありません。つながりがあるだけです――でも〔母になると〕，もはやひとりにはなれない。おしまいです――決してひとりにはなれず，頭の中に

　自由がないのです。(Donath, 2016　鹿田 訳，2022，p. 187)

　この語りから，何を読み取ることができるでしょうか。母親になったら1人になれる時間がなくなるとはよく言われていますが，時計で測れるような時間の問題だけではないようです。それをドーナトは，「象徴的なへその緒が，首に巻きついているかのよう」(p. 180) と表現しています。自分だけの人生ではなくなってしまった感覚は，子どもが成人しても続くことが語られていました。産んでしまったら後戻りするという選択肢は残されていません。それが，母親という立場の特殊なところです。

　このような心理について，ある母親は「本当にややこしい話です」「きちんと説明できることではないのです」と語っています (p. 114)。そして多くの母親が，後悔については沈黙を守っていると証言しています。

　実は，筆者が発達障害のある子を育てる母親にインタビューをしたときにも，同じような語りを聴きました。その母親は，「母親になるってリスキーですよね」と何度も言い，そういった内容の話は「誰かに話してもわかってもらえないから話したことはない」と言うのです。話すことで責められて傷つくことが怖くて誰にも話せないと話してくれた母親もいました。責めるのはいったい誰なのかという疑問が，筆者に投げかけられたように感じました。

　このように，発達障害のある子の母親が迷いの中に陥ってしまう背景には，これまで「母親だから」ということで公には言葉にならなかった経験があるようです。母親たちは，保護者責任と自己責任で判断を迫られる状況が続き，わが子を思えば思うほど傷つけられる経験をし，母親であることに困難を感じ，さらにそれらを言葉にすることが難しい，という状況に置かれています。親，母親，1人の人間という3つの自己の困難が入り混じり，母親の人生そのものが迷いの中に陥っていると考えれば，そこから抜け出すために支援者ができることはあるのでしょうか。支援者は，母親自身の感覚を言葉にすることを「封じているもの」について考える必要があります。

③ 責任の再考

　筆者が，発達障害のある子を育てる母親たちにインタビューをし，迷いの中に陥っている人たちに共通していたのは，強い責任感をもっているという点でした。もしかしたら，この責任感の強さが彼女たちを迷わせているのかもしれないと思ったとき，責任というものについて深く考えざるを得なくなりました。

　責任について，哲学者の國分功一郎は，責任が発生する前には選択と意志があると言っています（國分・熊谷，2020）。私たちは日常生活において，常に選択の連続です。今日はどの服を着ていくのか，昼食は何にするのか，などです。それは私たちの意志があってから選択されていると考えられがちです。では，たとえば，職場に「オフィスカジュアル」という服装のルールがあった場合，それから，昼食は社員食堂で食べるしかない場合はどうでしょうか。職場で無難な服装には何パターンかあって，その中からなんとなく選ぶことが多いでしょう。特に食べたいわけでもないものをメニューの中から選ぶこともあります。これは私たちの意志といえるのでしょうか。

　國分は，行為すなわち選択は，意志の有無とは関係ないのに意志があったとされ，そうすると行為の責任が発生するという機序を指摘しています。そして，ある選択をする状況に置かれていただけなのに，その選択に責任が発生することが多い世の中に疑問を呈しています（國分・熊谷，2020）。「こうなったのはあなたが選んだからでしょう。つまりあなたの責任です」という理屈は，子どもの頃から大人によく言われたことではないでしょうか。いわゆる「自己責任」です。そして，私たちは知らず知らずのうちに，その理屈を取り込んで，自分にも言い聞かせているような気がします。

　責任の前に自分の意志があるという理屈は，母親たちを非常に厳しい状況に追い込みます。発達に偏りのあるわが子を医療機関に連れていって診断名をつけてもらうかどうか，学校で特別な支援を受けさせるかどうか，進路をどうするかなど，母親は自分の意志で決めているのでしょうか。②で述べたように，実際は，わが子の意志はどうだろうかと考え，わが子の気持ちと自分の気持ちがはっきりと分けられない状態で迷うと考えられます。さらに，周囲との関係

性を「現実的に」考えて，選択することになるでしょう。迷いの中でそうせざ
るを得ない状況になって選択しているにもかかわらず，その責任を感じ，わが
子に最善の道を選んであげられなかったのではないかと，後ろめたさを抱えて
いる母親たちはたくさんいます。「あの時私が病院に連れて行かなければ，あ
んなに傷つくことはなかったかもしれない」「あの時私が無理に学校に行かせ
ようとしたから，こんなことになってしまった」……そのような語りを聴くた
びに胸が苦しくなります。

　では，母親たちが背負っている責任という荷物をどうやったら減らせるので
しょうか。小児科医の熊谷晋一郎は，いったん自分が背負っている責任を「免
責」することによって，最終的にきちんと「引責」ができるようになると提言
しています（熊谷，2015）。熊谷は，自身に脳性まひからくる障害があり，何
かに失敗したとき，すぐに自分を責めてしまうことが多かったといいます。し
かし，自分が引き受けられる責任と社会における多数派が想定する責任は違う
ということに気づき，免責と引責の関係を理論化したのです。

　たしかに私たちは，自分のせいにして自分を責めるか，他者のせいにして他
者を責めるか，どちらかの方法をとろうとする傾向にあります。しかし，熊谷
はASDや精神障害の当事者研究に携わる中で，「犯人探し」以外の方法を知
ったといいます。起こっている問題を自分の中から外に出すことを心理学の言
葉では「外在化」と呼びます。問題をいったん外在化することで，問題と自分
を切り離し，免責することが可能になります。その作業の場に仲間がいてくれ
ることで，どこまでが自分で引き受けられる責任か，どこから先は自分の責任
ではないかがわかり，自然と自分が引き受けられる部分と向き合えるというの
です。

　この免責と引責の理論を参考にすると，自分を責めてしまって苦しい母親は，
自分の中で犯人探しをしてしまって，引き受けなくてよい責任まで引き受けて
いる可能性が高いと考えられます。そんなときに，「お母さん，そんなに背負
いすぎないで」と助言をしたところで，それすら母親への宿題になってしまい
ます。そこで，参考になるのが，自助グループで実践されている「言いっぱな
し聴きっぱなし」という方法です。だれか（他者）と一緒に話しながら，いっ
たん背負いすぎた荷物をすべて下におろすことから始めます。その後で，「こ

れは私の荷物ではない」と思うことができ，持てる分量の荷物を引き受けることができるようになります。その作業を一緒に行うのが，支援者のできることだと思います。

　さて，子どもを育てている母親が責任という荷物を仕分けているときに，責任という言葉にまとわりついてその作業をじゃまするものがあります。それが「母親はこうあるべき」という母親規範です。

④　支援者の中にある母親規範

　本稿の冒頭で筆者は，「父親と母親を同等に捉えると見落としてしまう問題がある」のではないかと書きました。それは，母親という存在がさまざまな価値観をまとっていて，あきらかに父親とは差異があるためです。たとえば，母親という存在をひとことで表してくださいと言われたら，どのような言葉が思い浮かぶでしょうか。「優しさ」「愛情深い」「強い」「献身」などの言葉が出てくると想像できます。自分自身の母親との経験だけではなく，小さい頃から慣れ親しんだ物語や歌，ＣＭや映画・ドラマなどの影響を受けて，母親のイメージが形成されていきます。

　私たちは「母性本能がくすぐられる」などと，日常的に母性という言葉を使いますが，本能としての母性愛の存在には疑問符がつけられ，子どもが三歳になるまでは母親の手で育てるべきという「三歳児神話」が否定されました（大日向，2000）。子どもを育てているとわが子との深い結びつきを感じることがあるのは事実ですが，それは子どもをケアする日常を経て育つものです。「母親には母性がそなわっていて，わが子には愛情を注ぐものだ」というイメージは，母性“幻想”であって，ケアという行為を通して感じる母性とは別の次元のものです。

　母親はこうあるべきという規範は，私たちの社会に深く根をおろしています。それは上で述べたように，とても単一的なイメージをまとっています。そのような母親規範を私たちは知らず知らずのうちに内面化しています。それは，2つの点で母親たちを縛りつけるものとなり得ます。1つは，子どもをケアする

役割は男性より女性のほうがふさわしいと思ってしまうことです。このように性別によって役割を分けることを性別役割規範といい，子育て役割は主に母親が担うという文化を支えてしまっています。もう1つは，母親規範に自分が当てはまらないと感じたときに，自分を責めてしまうことです。

　母親規範と子どもの応答がかみ合って，うまくいく親子関係もありますが，子どもに育てにくさがあり，イメージしていたとおりに自分が子育てできない場合，この規範は母親を苦しめます。発達の偏り，特にASDの特性がある子どもの母親がよく言うのは，「何か，通じ合っていない気がする」という感覚です。乳児のときは，泣いているからと抱っこしても嫌がる，寄り添って話しかけても無視される（ような気がする），幼児になるといつも母親のほうが追いかけるばかりで振り向いてくれない，言葉を使えるようになると，母親の言うことの言葉じりを捉えて悲観的になる，などです。小さなことにこだわって不平不満ばかり言うので，母親がうんざりして怒る回数が増えてしまうという話もよく聴きます。「もっとおおらかなお母さんになりたかった」と話してくれた母親もいました。

　このように母親としての自分を肯定できない母親たちに，支援者は母親規範を強化しないように意識する必要があります。これは簡単なことではありません。なぜなら，母親規範は支援者たちにも内面化されているからです。ジェンダー視点をもち，自分の中の母親規範を問い直す作業が必要となります。自分の中の無意識のバイアスを点検するのです。それは，母親規範だけではなく父親規範に対しても同じ態度が必要です。多くの人の中には「父親とはこうあるべき」というものが存在します。表向きにはジェンダー平等を謳いながら，わが子の父親としては頼りがいのある人がよいと考える女性が多いのは，その一例です。

　ASDのある子の父親の語りを，ジェンダー視点をもった男性研究者が聞き取ったところ，大変興味深いことが浮かび上がってきました（今西，2013）。ある父親は，子育てに関わろうとして失敗し自信を失った経験を語りました。また，「父親的な振る舞い」として仕事で自分を忙しくしているが，それは仕事に逃げていた部分があると語ったのでした。つまり，弱音を語ったのです。そのほかの研究では，父親役割の責任感のような語りが取り上げられていまし

た。偶然かもしれませんが，聴き手は女性でした。

　父親が，性別役割分業によってわが子に関わる時間が確保できず，いつまでたっても自信をもてず，家庭内で孤立し，家庭での居場所を確保するために「父親としての役割」にこだわってしまう……このような人が多いのだとしたら，父親もまた父親規範に苦しめられているといえます。母親も，父親も，社会規範から責任を引き受けすぎていて，「うまくできません」と弱音を吐くことが許されないような空気があるのでしょう。背負っている荷物をいったん下におろして，性別関係なく分け合うことは可能なのでしょうか。

⑤　対話の不思議な作用

　母親規範と照らし合わせて「良いお母さん」でなくても，母親は自分のやってきたことに価値を見出すことができると予感したのは，筆者がある母親（Aさん）と対話をしていたときでした。その対話の詳細は，沼田（2022）に記述されていますので，ここでは，そのとき何が起こったのか，特に話の聴き手である筆者の気持ちを中心に振り返ってみます。

　Aさんは，発達の偏りが大きい男の子（Bくん）を育てています。Bくんは高校を卒業して，当時成人していましたが，幼い頃からこだわりと不注意症状の強さがあり，成人してからもAさんはその対応に苦労していました。筆者がAさんと話をするのは3回目でした。筆者が，それまでのAさんの語り口から感じていた「傷つき」と「怒り」のようなものを知りたくて，重ねてのインタビューをお願いしたのでした。インタビューは，聴き手も思ったことを話す対話形式を取りました。そのときに参考にしたのが，前述の自助グループの「言いっぱなし聴きっぱなし」という方法，そして，お互いの合意や理解を目指さないという「語り合い法」（大倉，2011）という方法です。

　筆者にとって，相手の理解を目指さないということはチャレンジでした。心理職という仕事柄，これまで，相手のことを理解しようとする癖がついていたからです。しかし，自分の枠組みで捉えようとしていては，それをAさんに気づかれて，Aさんがこちらに合わせてしまうだろうと予測し，その事態は避け

たいという思いがありました。

　インタビュー開始時は，率直に筆者がなぜインタビューを申し込んだのかを話し，Ａさんが傷ついていると感じたことを話しました。それでも，最初Ａさんは「子どものほうが傷ついている」と話し，自分のことは語ろうとしませんでした。筆者は少々落胆しつつ，流れのままにお互いが思っていることを話していました。そして，Ａさんが「親子のつながり」というものについて疑問を発したところから，対話の流れが変わりました。「親子のつながりっていうけど，どんなものが一般的なのかわからない」とＡさんは言いました。その口調に，世間における「理想の親子」への反発を感じて，筆者は強く興味を引かれました。筆者の，母性"幻想"に反発する気持ちと重なったのかもしれません。

　その語りが第1の転機となって，Ａさんの語りはようやく自分の傷つきに向かい始めました。そのときに，Ｂくんの子育てのエピソードがいくつも語られました。具体的なエピソードの連続で，聴き手にその場面が伝わってくる語り口でした。そのうちに，ＡさんはＢくんの生きている世界がわからなくて「自分の子が怖いんです」という言葉を口にしました。それが第2の転機でした。そのとき，筆者は驚いて，思わず「それは人に言いにくいですね」と感じたままを言ってしまいました。筆者は「これは自分の理解の範疇を超えている」と初めて実感したのです。それまでは理解できると思っていた自分が，きわめて不遜だったと思い知りました。そして，「丸腰」の状態になりました。支援者としての自分ではなくなったのだと思います。

　Ａさんは最初から，自分たち親子には「親子のつながり」なんてものはないという口調でしたが，筆者は心のどこかでそんなことはないだろうと思っていました。しかし，丸腰になってすっかり無力になった筆者は，Ａさん親子のあいだには断絶があるということをすんなり受け入れ同感してしまいました。ASD当事者の綾屋紗月が，自分の身体の中や周囲との「つながれない」感覚について分析した本（綾屋・熊谷，2010）を読んではいましたが，母親側の感覚も同じなのだということに気づいていませんでした。ASDのある子を育てる厳しさは，この断絶感にあるということを，初めて受け入れられたのです。

　その直後，不思議なことに，話が急速に展開してきました。「断絶しているのに，なんで共に生活できているのか」というテーマに移り，2人で考え込

みました。そのときはもう，Ａさんは自分を免責していたのかもしれません。子どもが悪い／母親が悪い／社会が悪いという話ではなくなっていました。すると，ふいにＡさんが「思い出……ですかね」と言いました。それは，筆者がまったく予期していなかった言葉でした。でもすぐに，その意味するところがわかりました。そして，Ａさんも自分の言葉に喚起されたように，Ｂくんと思い出でつながったエピソードを語ってくれました。そのとき，筆者は丸腰だったせいか，涙ぐんでしまったのを覚えています。

　Ａさんとの対話は，どうしてこのような展開になったのでしょうか。ひとつは，筆者が母親を縛る規範に対して，Ａさんと共通の苛立ちを感じていたことがあると考えられます。そしてもうひとつは，筆者が支援者としての自分の想定を手放した（手放さざるを得なかった）ことにあるように思います。じつは，この現象は「無知の姿勢」と呼ばれ，ナラティヴ・セラピーとしてすでに理論化されています（Anderson & Goolishian, 1992　野口・野村訳 2014）。セラピーとして行ったつもりはなかったのですが，対話の中で予期せぬ言葉が生まれ，新しい発見をするということはとても心地よい体験でした。新しい発見というのは，それまで（少なくとも筆者には）見えていなかった，「子育ての記憶」の価値です。

⑥　共に暮らす仲間としての家族

　親子には共に暮らしてきた記憶があります。それは，毎日一緒にご飯を食べ，あれこれ言葉を交わして気持ちがぶつかったりすれ違ったりしながら，また一緒にご飯を食べて，お風呂に入って，寝る……その繰り返しです。特別なものではないかもしれませんが，そこに意味がないわけはありません。親子だけの，唯一無二の記憶がつくられて，残ります。この「子育ての記憶」が，母親規範・家族規範に対抗できるものになり得る予感がするのです。この予感から，支援のための提案をしたいと思います。

　1つは，子育ての記憶を語る場を大切にするということです。発達支援の現場は，基本的に未来志向になっています。支援目標を定め，支援方法を考え，

達成できたかどうかを評価します。発達を支援するのですから，未来志向になるのは当然といえます。しかし，それと同じように家族支援を未来志向で考えてしまうと，冒頭で問題提起したような，支援される側と支援する側のズレを生み出してしまうような気がします。傷つき，迷いの中に陥っている母親たちが，少し立ち止まって，ささいな思い出を語ることで，今どこに立っているのかがわかるかもしれません。そのような機会を，現在の支援制度の中でどのように創出していくのかが，これからの課題となるでしょう。

　もう1つは，家族を「共に生活する仲間」として捉える視点です。母親という言葉と同様に，家族という言葉にも社会的な規範がつきまといます。「良い家族」のイメージも，単一的なものが私たちに内面化されています。現在の日本において，家族は依然として異性愛カップルと子どもというかたちが想定されていますし，理解し合い助け合う夫婦，その傘の下でゆったりと育まれる子どもが理想とされています。それはとても良いものですが，家族内で誰かが我慢を強いられているという可能性を知り，家族のイメージをもう少し広げることを試みる必要はあるかと思います。

　私たちは良い家族という箱に自分たちを合わせるために生きているのではなく，ただ一緒に生きているうちに自分たちなりの家族がつくられるのです。その生活に連動して「家族の流儀」は生まれます。共に生活して同じ場を共有することが家族の流儀をつくり，そこから紡がれる記憶が家族のつながりになるのだとしたら，どんな流儀も尊重されてほしいと思います。そうすれば，家族はもっと自由になれるような気がするのです。

文献

Anderson, H. & Goolishian, H. (1992). The Client is the Expert: A not-knowing approach to therapy. S. MacNamee & K. J. Gergen (Eds.), *Therapy as social construction* (pp.25-39). Sage Publications, Inc.
　（アンダーソン, H. & グーリシャン, H. . クライエントこそ専門家である——セラピーにおける無知のアプローチ　マクナミー, S. & ガーゲンK. J. (編) 野口 裕二・野村 直樹 (訳) (2014). ナラティヴ・セラピー——社会構成主義の実践——　(復刻版)　遠見書房)

浅野 みどり・古澤 亜矢子・大橋 幸美・吉田 久美子・門間 晶子・山本 真実（2011）．自閉症スペクトラム障害の幼児をもつ母親の育児ストレス，子どもの行動特徴，家族機能，QOL の現状とその関連　家族看護学研究, *16*(3), 157-168.

綾屋 紗月・熊谷 晋一郎（2010）．つながりの作法——同じでもなく違うでもなく——　NHK出版

Donath, O.（2017）．*Regretting motherhood:A Study*, North Atlantic Books.
（ドーナト, O. 鹿田 昌美（訳）（2022）．母親になって後悔してる　新潮社）

藤原 里佐（2006）．重度障害児家族の生活——ケアする母親とジェンダー——　明石書店

今西 良輔（2013）．発達障害児を育てる父親の生活体験——3 人の父親と息子達の歩み——　北海道医療大学看護福祉学部学会誌, *9*(1), 27-34.

岩渕 功一（2021）．多様性との対話　岩渕 功一（編著）多様性との対話——ダイバーシティ推進が見えなくするもの——（pp. 11-35）　青弓社

岩男 芙美・木谷 秀勝・豊丹生 啓子・土橋 悠加・牛見 明日香・飯田 潤子・藤井 寛子・森 久美子（2022）．青年期自閉スペクトラム症の女性にとっての社会的カモフラージュの功罪——『ガールの集い』参加者の座談会を通して——　山口大学教育学部付属教育実践総合センター研究紀要, *53*, 93-102.

木谷 秀勝（2022）．発達障害のある女の子・女性とカモフラージュ　川上 ちひろ・木谷 秀勝（編著）続・発達障害のある女の子・女性の支援——自分らしさとカモフラージュの狭間を生きる——（pp. 2-20）　金子書房

國分 功一郎・熊谷 晋一郎（2020）．〈責任〉の生成——中動態と当事者研究——　新曜社

熊谷 晋一郎．（2015）．当事者研究への招待　第 1 回　生き延びるための研究　臨床心理学, *15*(4), 537-542.

中村 佑子（2020）．マザリング——現代の母なる場所——　集英社

野田 香織（2012）．広汎性発達障害児の家族支援に関する母親の認識——家族支援の実施状況と支援に対する満足度の関連について——　発達障害支援システム学研究, *11*(1), 1-9.

沼田 あや子（2021）．母親の人生は誰のものか——障害児を育てる母親の語りから——　心理科学研究会ジェンダー部会（編著）青野篤子・田口久美子・沼田あや子・五十嵐元子　女性の生きづらさとジェンダー（pp. 165-187）　有斐閣

沼田 あや子（2022）．ケアの記憶の語りによる母親言説からの脱出——障害のある息子を育てる母親との対話事例——　国際ジェンダー学会誌, *20*, 124-143.

大日向 雅美（2000）．母性愛神話の罠　日本評論社

大倉 得史（2011）．「語り合い」のアイデンティティ心理学　京都大学学術出版会

［5］ 大人になった ASD のある人
──親離れ・子離れ・自立
- -

山崎 徳子

① はじめに

(1) 子どもを思うとき，同時に母親を思う

　子どもの頃，ごく近所に知的な発達の遅れがあるだろう兄・哲夫さん（登場人物はすべて仮名），妹・清子ちゃんのきょうだいが住んでいました。50年も前の地方都市のこと，哲夫さんは中学を卒業すると田畑の手伝いでもしていたのでしょうか，外を歩いている姿をよく見かけました。清子ちゃんは同じ小学校のすみれ組（当時の支援学級）に通っており，顔をくしゃくしゃにして大きな声をあげるところを子どもたちは遠巻きにしていました。あるとき，たまたま出会ったそのきょうだいの母親の背中がずいぶん小さく見え，子ども心に苦労しているのだろう日々の暮らしを思ったのでした。その方にしてみれば私の一方的な見方でたいへん失礼な話ですが……。私は自分の母親のことが大好きで，自分もきっと子どもの傍らにいて，子どもの成長とともに「子どもの人生」で自分の子ども時代をもう一度味わいたいという思いを強くもっていました。もしその子どもが"普通の子ども"でなければその夢想が崩れることを考えるともなく考えていたのだと思います。障害のある子どもを見るときに自動的に母親を思う私の性分はこの頃から始まっていました。

　30数年前に現在の居住地に引っ越してきて，毎週土曜日に市の施設で開催されていた障害児保育サークルのボランティアを始めました。当時4歳だった娘にも，私自身にも友だちができたらいいな，くらいの思いでした。私は共同療育者でも研究する者でもなく，一緒に楽しい場を作る人として障害のある人と

その家族に出会いました。何組かの家族との親密な関わりを続けている今も，この思いは心に生き続けています。

(2)　障害児学童保育Ｐという場

　この保育サークルがもととなって，母親^(注1)たちは学齢期の障害のある子どもたちのために長期休みの間だけ開く障害児学童保育Ｐを作りました。現在のような放課後等デイサービスの制度はまだ整っておらず^(注2)，「この長い夏休み，うちの子どうすんねん」という切実な思いから，母親たちが手弁当で始めたものでした。その頃私は，この人たちのために何かできることがないだろうかと大学院に進み，２度目の学生生活を送っているところで，請われて指導員になりました。大学生・高校生のボランティアが子どもの数だけ配置され，１対１で担当します。そもそもこの担当制は，子どもの安全確保が目的でしたが，それまで保育の場や学校で，子どもたちが集団に合わせられていると感じていた母親たちの意向であり，集団的な一斉行動を子どもに強いないという意図がありました。

　それからかれこれ 20 年。10 人ほどのメンバーはもはや，「子ども」という時期は過ぎ，それぞれの選択を経て就労支援の施設に通っています。また自宅を出てグループホームに入っている人もいます。このグループの活動は，比較的集まりやすい夏と春の時期に余暇活動として続いており，新型コロナウイルスの影響がなくなった 2023 年は恒例の１泊旅行も復活しました。

② 　人格形成の捉え方

　先述しましたように，私は障害のある子どものためにと大学院に進んだのでしたが，その時に考えていたことはアセスメントをしっかりして発達を促す支援をする，ということだったと思います。人の発達の道筋はすでに明らかになっていて，こうすればこうなるという方法が確立していると思っていたのです。ですから，だいぶ初めの方の授業の中で「心理学でわかっていることはそう多

くはない」と聞かされたときはがっかりしたというか，拍子抜けした思いがありました。しかし，このことが私にとっては福音だったのです。障害のある子どもとの日常はたいへんなことはありますが，心の底から笑い合ったり，子どもたちの素直な心に打たれたりする，楽しく豊かな彼らと家族の経験を伝えることがぜひ必要だと考えていたからです。そこで私はPの活動の中での子どもとの関わりをエピソードにして，そのことを題材に母親と語り合うということをしてきました（山崎，2015）。

「この人はどのようにしてこの人になるのか」という関心は，いつまでも尽きない問いです。私はこのことをスターン（Stern，1985 小此木・丸田訳 1989），ワロン（Wallon，1952 浜田 1983），鯨岡（1997；1999）などを参考に「自己感の成り立ち」をカギ概念とし考察してきました。

私の考えている「いわゆる多数派」の人の自己感の形成は以下の通りです。

① 私たちの身体は，間身体性・間主観性 (注3) というものを手がかりに身近な相手の情動や気持ちを把握できるようにできている。このことを間身体性・間主観性がはたらいている事態とする。

② 母親が自分の身の回りの世話をしてくれて，不快を快に変えてくれる。赤ちゃんはそれを繰り返し体験することによって，自分ではない何かの存在に出会い，「自己」と「他者」が立ち上がる。

③ 「私のかわいい子ども」──「お母さん大好き」といった間身体的・間主観的な「気持ち」のやりとりを積み重ね，お互いの状況を感じ合い，調和して安心感が得られる。

④ 自分の住んでいるこの世界のことがわかる。認知理解の発達。「安全基地」を得てこそ子どもは存分に探索行動ができる。

⑤ 「他者」との対話的な関係が「自己」内の対話的関係を生み出し，さらに「現実の他者」との関係形成の広がりにつながっていく。いわゆる「内的他者」が成立する。

⑥ 配慮され，守られている家族から友だちの世界へと踏み出す。譲れる部分が生まれ，人と合わせたり我慢したりすることができる。

⑦ なりたい「自己」への指向性。自分の意志で決定する。

では，ASD のある人はどうなのでしょうか。

ASD のある子どもと関わってすぐ感じるのは，何らかの間主観性のはたらきにくさです。赤ちゃんの頃のつながりにくさはどの母親も語ってくれますし，私自身が学齢期の子どもたちにまるで透明人間のように扱われる体験を何度もしました。心が通じたと思えないとそのことが要因になって母親もつながりが感じられず，この子のことがわからない，という状態におかれます。さらにここから派生して，ASD のある子は「多数派」の子どもたちが難なく越えていくところに時間がかかったり，難しかったりするのではと考えました。すなわち安心感が得られにくく，世の中の秩序が認識しにくい。「内的他者」の成立が遅れ，自分を客観視しにくい。このように，子どもの「自己感の形成」と母親が「子どもをいかにわかるか」ということは密接に関連しているのです。家族はもちろんそこに強い影響があります。

③　大人になった ASD のある人

私に与えられたテーマは，大人になった ASD のある人とその家族の関係について考えることです。「この子のことがわからない」といった親の思いから始まった幼少期の嵐のような日々が過ぎると，それでも年齢とともに経験も積み，たいていの ASD の子どもたちは落ち着いた生活を身につけていきます。そして，親の関心も進路・学校の選択，就労の問題へと移り変わります。

そこで本稿では，以下の 3 つの観点で考えていきます。

(1)　大人になった ASD のある人のリアルな日常を描く

P で出会ったある母親は，子どもが自閉症と診断を下された頃の心境をこう語りました。

　　　将来のこと，先のこと，だいたいこうなっていくやろって思い描いてい

ること，自分が子ども産んで，こうなってほしいとかじゃなくて，普通に
成長していって。そういうのが真っ白になる。この人は結婚しないんや，
恋愛もできない，大学も行かないんや，できないことばっかり浮かぶ，将
来に対して。自分が障害児をもったこともしんどかったけど，それ以上に
それがしんどかったかな，この人は自分やだんなが送ってきたような青春
がないんや，家庭をもって子どもをもつとか，そういう将来がないんやっ
ていうことが。

　自分の体験から子どもの未来を想像することができない。その絶望と恐さは
どれほどのものでしょう。長いトンネルにいるような息苦しい時を経て，この
人がほっと一息つけたのは「生の自閉症を見た」ときだったと言います。

　　生ものやな，生の自閉症を見た。自閉症児の何々くんじゃなくって，先
　に何々くんがくるんやなぁって思って。

　そこで本稿では漠然と「自閉症のある人」を描くのではなく，個別具体的な
2組の母子の生活をご紹介します。インタビューは一つのデータとしてあるの
ではなく，一緒に子どもをまなざすことであり，それはまた対話した2人の母
親の素朴な願いなのだろうと思います。

⑵　青年期以降の「自己」というものの育ちについてその様相を描く

　この30年の間に，「合理的配慮」についての考え方が広まり，ASDのある
人を取り巻く社会は徐々に変化してきたと言えるでしょう。教室でタイムタイ
マーを見るのは珍しいことではなくなりました。部屋の入口にはホワイトボー
ドに絵カードが貼られています。小学校の教室の前面には掲示物がけばけばし
く貼られることはなくなりました。発達障害を学ぶ学生でも「ASDのある子
どもには視覚支援を」と，言えるようになりました。
　しかし，何のためにそうしているのかを考えたことがあるでしょうか。どん
な環境の調整もその根本に子どもの何を育てるのかの志向性が必要だと思うの

です。子どもを関係の中で育つ人として描くことで，母親が何か子どもの「問題行動」を予防する，正すという方向ではなく，自閉症のある子どももまた，育まれ発達する存在なのだと考えることができると思うのです。その際に，障害のある子どもの母親がどんな体験をし，母親はいかに子どもをわかるかということに注目します。

(3) 「親離れ・子離れ・自立」の課題

ASD のある人の青年期以降の「自己」の様相を考えていくと，家族との関係の変化，「親離れ・子離れ・自立」の課題が浮かび上がってきました。そこで，まとめとしてこの2組の母子に起きた，何らかの「親離れ・子離れ・自立」の意味について考えます。

④　2人の母との対話

(1) 桃さんと薫さんの25年

それではここから，インタビューを通して，2組の親子が歩んできた年月を紹介します。最初は桃さんと薫さんの親子です。

桃さん（インタビュー時25歳）とその母親の薫さんの背景
　桃さん：家族は両親と2歳下の弟。4歳で「自閉傾向」と言い渡され，地域の小，中学校の支援学級に在籍。その後，定時制4年制の高校に通いました。現在は指定障害者福祉施設でクリーニングの仕事をしています。就職と時期を同じくしてグループホームに入所。（月〜金勤務　金曜の夜実家に帰宅して，月曜の朝出発）。言葉でのやりとりはでき，自分の身の回りのことは見事なほどコントロールできている。
　薫さん（桃さんの母親）：Pの設立メンバー。フットワークは軽く，情報機器の操作にも長けている。桃さんが幼い頃から構造化のプログラムを生活

に取り入れ，それでずいぶん彼女のことがわかりやすくなったと感じている。

　私は桃さんが小学2年生のとき，初めてPで出会いました。彼女はPが大好きなので，そこに付随する私のことは"よいもの"と認識していると思います。頻繁ではありませんがLINEのやりとりはずっと続いています。薫さんとは，桃さんの生活の節目節目で（小学校高学年，中学，高校進学，就職）対話してきました。今回は，2022年12月に2回，それぞれ1時間程度オンラインで行いました。

　私は自閉症のある人の人格の形成は，多数派のそれとは少々違うルートがあると思っています。そのことに関して私に大きな示唆を与えてくれた桃さんが描いた3枚の絵をご紹介しましょう。

　図2-5-1は，桃さんが7歳の時，運動会の後に描いた絵です。この頃の桃さんは自分がしたことをすべてこのNHKの子ども番組のキャラクターを用いて表していました。自分を描かずこのキャラクターに投影していることはつまり，自分を外から見て対象化することができていないということがうかがわれ

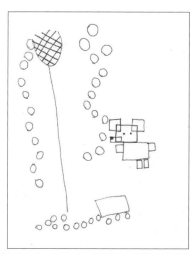

図2-5-1　桃さんが小学1年生の頃に描いた絵

図2-5-2　桃さんが小学2年生の頃の絵日記

ます。

　次に図2-5-2 は桃さんが小学２年生のときに８月の１か月間みっちり遊びこんだ後に私にくれた絵日記です。 私と自分の姿がしっかりと表れています。桃さんは外出するときお守りのように必ずこの帽子をかぶりますが，そのこともちゃんと表現されています。８月の後半に流行ったかくれんぼの一場面。襖を開けて私を見つけたその瞬間を描いてくれたのでした。

　ところが 図2-5-3 を見てください。これは 算数の時間の桃さんの机の上です。ここには何ら彼女の感情は入り込んでいません。桃さんが小学校３年生のとき，運動会の練習が始まり，気持ちが不安定になるか

図2-5-3　桃さんが小学3年生の 頃の絵日記

らと私は薫さんに依頼され，スクールボランティアとして６日間，桃さんの学級に入りました。その頃の桃さんは友だちへの関心が高まっており，場違いな私の出現を歓迎していませんでした。ボランティアが終了し，その前の夏のようにもらった絵日記がこれだったのです。

　一般的な子どもの描画は，行為の主体として子どもの何らかの感情や身体性を平面に表したものであり，知覚されたものを超える内容をもっています。たとえば，芋ほりをした後に描いた絵は，芋と自分の手がとても大きく表現されそのときの喜びや充実感が含まれているという具合です。この絵を見たとき，学校での桃さんと私の体験は楽しさや喜びを共有しようとする「共にある」体験ではなかったのだなあと納得しました。情動が動いていないときは，同時に人にも向かっていない。心持ちによって通じ合いが働いたり，閉じたりするのではないかと思いました。このような間主観性に弱さをもちながらも，桃さんは薫さんと二人三脚のように学齢期を生き，大人になりました。

(2)　就職活動とグループホーム

　定時制の高校を卒業したその年の春に，桃さんはグループホームに入所しました。薫さんが書いてくれたものをもとに理由をまとめると，以下のようなものでした。

・母が送迎できない状況になった場合の対策として
　　定時制高校卒業を前に，障害者枠による一般就労を検討したが，どこも自力で通えることが条件になっており，かなわなかった。
　　利用者の意思やタイミングを尊重してもらえる方針の事業所が見つかる。自宅周辺の交通事情や母の体力を考えると，送迎付きのその事業所の系列のグループホームを利用することがよいと考えた。たまたま空き室がすぐ出た。
・母不在時のフォローとして
　　これから自分たち親が高齢化するにつれて母自身にも何らかの不都合が出るだろう。その場合自宅で父と2人で過ごすのは困難だと思った。父は障害特性に合わせて対応するのが苦手で，お互いストレスをためることになる（弟も同意見）。母の長期不在時は，父より慣れた世話人さんに委ねる方が安全だと考えた。
・親はいつまでも元気じゃない
　　自身の親の介護をしながら，何歳ぐらいまでまともな判断ができるだろうと考えた。本人が環境の変化に弱いことも考え，母がどうにもできなくなってからホームを利用するより，判断可能な時期から徐々に移行する方が本人にとっても楽だと考えた。人はいつ死ぬかわからないから。
・母との密接具合が気になった
　　1学年100名以上の生徒がいる中学生時代は，吹奏楽の部活動もして，人との交流も多かったが，定時制高校では他の人との交流が減り母と2人で家に居る時間が増えた。母親にやってもらえばよいという態度も見られるようになって，就職後も同じような環境が続くのは良くないと感じた。
・弟に委ねるのは違うと思った
　　きょうだいが面倒みる みてもらう人になり，犠牲にした 犠牲にされたと

いう歪な関係にしたくなかった。そういう関係は根が深いのを知っている。
桃のために弟の選択肢を狭めるのは良くないと思い，「お姉ちゃんは福祉の
支援を受けて生きていくから，あなたはどこにでも行けるし，自分に合った
進路を見つけるといい」と伝えた。
・この事業団はお金の管理もしてくれる

　このように，理由の多くに，桃さんと薫さんとの関係にまつわることが反映
されています。桃さんの「就職・自立」は母親との関係が激変してしまうこと
が含まれており，それはまた薫さんが意図したことでもあったのです。

(3)　「入所が早い」と言われることについて

　このホームは部屋が空き次第入所できると言われたので，実は薫さんは入所
はもう少し先だろうと予想していました。そのあたりから，次のような話に移
りました。

桃さんの新生活への決断の話から
薫さん：心配っていうか，そんな早くからホームに入れて，みたいなことはち
　　　　らと言われたりもしたけど，何人かから。でもまあ本人けっこう機嫌よく
　　　　してるし，うちの家はそれでうまくいったからまあいいかと思って。あん
　　　　まり気にせんようにしてた。でも，うちの母にはね（桃が）慣れるまで言
　　　　えへんかった。
私 (注4)：そうなん［驚いて］。
薫さん：うん。実際におばあちゃんはもうそんなかわいそうなことしてって絶
　　　　対言うと思ったから。でも，なんか昔の子育てみたいなこと言われても。
　　　　そんなことよりも後で桃が困らないようにしておいた方がいいだろうと思
　　　　って。えーい，黙っとけと思って。ホームにそこそこ慣れてから言った。
私　　：何て言うた，お母さん？
薫さん：なんかね，もう慣れて，機嫌よう行ってるって言ったら，それ以上は
　　　　言わなかった。本当は気に入らんことはあったかもしれんけどそれ以上は

言わんかった。

　実は私も当時「えっ，もうグループホーム入ったんや。思い切ったねえ」と思いました。でも，薫さんは情緒的というより，合理的な判断をする人と映っていましたから，早いなとは感じましたが，薫さんらしいとも思ったのです。メンバー10人のうち2人がすでにグループホームに入っています。この2人の母親はどちらも熱心に構造化のプログラムに取り組んでいました。

　ここでのテーマは，子どもが「自立」することではあるのですが，こと障害のある子どもに関しては，保育所にいつから入所させるかといったような，愛着関係の様相と似ていると思いました。薫さんは自分の母親は「そんなかわいそうなこと」と言うだろうと想像したわけです。家族と離れて暮らすことがかわいそうだと感じられる一般的な風潮。しかし，薫さんはなんとなくの情緒より，実を取るとでも言いましょうか，決断は揺るぎませんでした。

(4)　20年後の後追い

　桃さんがグループホームに入所してほどなく，20歳の4月に，薫さんからこんなLINEがきたのです。

　転送されたのは図2-5-4，図2-5-5のようなLINEでした。

図2-5-4　桃さんからのLINE①
（イメージ）

図2-5-5　桃さんからのLINE②
（イメージ）

　そのときのことを振り返って，対話は続きます。

薫さん：涙が止まらないんだけど，っていうのは来たけど，（作業所に）行き
　　　　たくないっていうのは結局ね，いまだに１回も言わない。

私　　：ええっ，そうなん。

薫さん：「朝，（私が）いないのが寂しいのよ」って言ってた。私がそばにいて
　　　　へんっていうことがなんか不安なんちゃうんかな。離れてるとき，LINE
　　　　で連絡してくるときはそういうふうに求めてくる。もう家におるよりよっ
　　　　ぽどコミュニケーション取れてるやんって感じで。

私　　：本当［感慨深く］。

薫さん：私からしても，この人とこんなにやりとりしたの初めてですけど，み
　　　　たいなことで。ある意味さびしいって思う暇がないみたいな感じで。やっ
　　　　ぱり慣れへん場所におるから，心配は心配やし，偏食多いからちゃんと食
　　　　べてるかなとか，なんかそういうのが気になったけど，やりとりとしては，
　　　　うーん，これはこれでおもしろいことになったなって感じだった。すっごい
　　　　（LINE が）きた［クスっと笑う］。

私　　：ほんで（家に）帰ってきたら桃さんはうれしそうにするの？

薫さん：ううん［申し訳なさそうに］。

私　　：あっはっ［爆笑］。

薫さん：帰ってきたときは，金曜日は仕事場まで迎えに行くから，車に乗って。
　　　　「ああっ，たいへんだった」とは言うねんけど。母親に会えてうれしいと
　　　　か，家にいてこっちに話しかけてくるとかそういうのはないね，それは普
　　　　段通りで。ただホームにおるときだけ，こっちにいっぱい連絡がくる，っ
　　　　て感じかな。

私　　：そう。

薫さん：こういう時間もまあ，あってもいいんじゃないかなっていう感じだっ
　　　　た。

私　　：それは減っていった？

薫さん：うーん，だんだん減ってはいったけど，今も１日に何回は来るかな。

現前する薫さんへの絶大なる信頼感に支えられ，桃さんの「自己」は成り立っていたのではないでしょうか。多数派の子どもはやがて心の中に安心の居場所ができると実際に近くに母親がいなくても「離れていても大丈夫」という様相を見せます。日頃の桃さんは落ち着いて日常生活を楽しんでいるように見えましたが，まだその部分が脆弱だったのではと考えられます。心と身体が分離できないような状態で，言語化できないけれども，涙が止まらないという身体の悲鳴となって表れたのではないでしょうか。そして7月頃には図2-5-6 のように余裕が感じられるようになっていきました。

図2-5-6　桃さんからのLINE③
（イメージ）

(5)　子離れしなくちゃの意識

一方で薫さんは，

私　：薫さんはどう思ったん？　私の友だちでさ，娘がいなくなって泣き暮らしてるって言う人がおったから，娘が出ていって私もそうなるのかなと思ったけど全然ならんかって。「楽ちん」と思ったんだけど［笑う］。

薫さん：それね。私の友だちのとこも，子どもが大学に進学して下宿したときにもうすごい泣き暮らしてて。その友だちってめっちゃ趣味多くてね，オタクの趣味で，なんかこう漫画とかゲームとかも好きやし。そういう友だちやってん。子どもが中学を受験するって言い出したときから，その生活のすべてがその受験のバックアップになってしまって。全然もう漫画も読んでへんしゲームもしてへん。毎日塾の送り迎えと勉強のサポートっていうのを，小学校の4年生から。中学と高校も毎日送り迎えして，塾の送り迎えしてってやって。「子どもいないんならまたゲームやったらいいやん」て言うたんよ。でも「もうゲームも何していいかわからへんねん」

って泣く。あれほど自由やった人が，依存やでと思って。もう（桃は）それなりに機嫌ようしてはるから，もう自分は自分で遊びに行ってもいいし。それ見てたから，桃に執着してたらあかんと思って。

「桃に執着する」それは，子どものためとサポートしているのではなく，子どものためにと動くことが，自分の存在証明のようになっている状態ではないでしょうか。友人の様子を薫さんは自分への警鐘としたのです。薫さんはここは一般的な母と子の関係と同じ構図で考えています。

⑹　安定した人が好き

　小学校高学年の頃から桃さんはジャニーズが大好きで，アイドル雑誌を読み込んでたくさんの事柄が頭の中に入っています。

コロナ禍で桃さんが行動を自分で規制しているという話になって
薫さん：一応本人なりに，なんかあの基準があるみたいで。
私　　：ふーん。
薫さん：ドームは無理なんやって，「多すぎだから無理だよ」って。収容人数
　　　　が1000人から2000人くらいだったら行くとかって［笑い］。
　　　　ライブはマスクしてみんなしゃべんないから絶対に，それなら行くって。
私　　：誰のライブ？
薫さん：三宅健君。V6は解散したから，今年ソロで初めてライブがあって，
　　　　それは行きたいって。
私　　：ひえ〜。やっぱり狙いどころが通やな。
薫さん：そうね。2月はトニセン。「長野君に会えるの」って言ってた。
私　　：そうなんや，へえ。長野君が大好きだからね。
薫さん：そう。安定してる人が好き。ふり幅があまり大きい人は困るみたいで。
　　　　いつもこう一定の感じのする人が安心するみたいで。
私　　：にじみ出てるもんね。三宅君も長野君も。すごいすごい。
薫さん：そうそう。イノッチはちょっと違うみたいな。KAT-TUNやったら

中丸君。

私　　：中丸君しかおれへんやん［2人笑う］。

薫さん：そうそう。なんかそこはやっぱりなんか本人なりの基準がある。

　このジャニーズのラインナップが私にも非常に興味深いものでした。薫さんの言う「安定した人」はおわかりになるでしょうか。突出して人気があるわけではないけれど，落ち着いていて，いい人そうという "ある感じ"（間主観性）。桃さんはこれを捉えている人として存在しているのです。非常に的確に捉えているところがおもしろくて，薫さんと私は盛り上がったのでした。

(7)　自分へのご褒美

薫さん：今までほんまに間がなかったから。そういう意味では3日ほど続けて家におらんっていったらその間わたしもできることも増えたし。それで，桃がホームに入って2か月後かな，名古屋までタッキー観に行ったからね［はしゃいで笑う］。

私　　：どひゃ～，すご～い。

薫さん：そんなんずっと行かれへんかったけど，いや遠征に行けるやんって。自分へのご褒美と思って行った。ほんまにちょうど2か月後やな。ちょっと様子見てたけど行けそうやなこれはって感じで，（チケット）申し込んで。まさかこんなことができると思わなかった。

　この "遠征" は，これまでの年月，薫さんが自分のやってきたことを肯定する儀式のように感じられました。それを高らかに宣言する薫さん。

　幼児期は「桃のことがわからない」と泣いた薫さんでした。薫さんは桃さんが困らないようにと20年の間，実に献身的にあらゆる手立てを尽くし彼女を支えてきました。物理的に二人の間に大きく距離ができたとき，あにはからんや，逆説的に桃さんの中に，「離れていても大丈夫」の安心の居場所ができ，それを確信した薫さんは桃さんを手放す勇気をもてた。これが母と娘の「親離れ・子離れ・自立」の一つの様相ではないでしょうか。

⑤　佑介さんの青春　「自分づくりは続く」

次に紹介するのは佑介さん，すずさんの親子です。

佑介さん（インタビュー時30歳）とその母親のすずさんの背景
　佑介さん：3人兄弟の長子。言葉でのやりとりはでき，電車通学ができるく
　らいの社会性がある。2歳から療育事業通所，地域の小学校の支援学級に
　在籍，卒業時に自閉症スペクトラム障害と診断される。中学・高校は特別
　支援学校に通う。高等専修学校に2年在籍した後，現在は指定障害者福祉
　施設に勤務。
　すずさん（佑介さんの母親）：子育て期は休職していたがもともとは看護師
　で，現在はケアマネージャーとしてフルタイムで就業している。活力にあ
　ふれていて，フットワークが軽い。社交性に富み，人のことも温かいまな
　ざしで考えられる人である。

　私とは佑介さんが5歳の頃から家族ぐるみの交流があり，Pの活動を共に続
け，すずさんと私とは友人関係にあります。

(1)　就労先の選択

　まず初めに，支援学校高等部を卒業するときの進路の選択についてです。佑
介さんは支援学校の先生と相談しながら，いろいろな場所で卒業後の仮定の生
活を，実習という形で体験していきました。

高等部以降の進路選択について話が移って
すずさん：高2の頃から一般就労を目指して，実習に行かせてもらうようにな
　　って。スーパーで品出しや，お惣菜のパック作業なんかして。本人も喜ん
　　で帰ってきたんで「この子いけるんちゃうん」って（一般就労できそうだ
　　と）有頂天になったこともあったのよ。（そのときは）持続することとか，

　　　　実際どれだけできてるかなど考えもしないでね。

私　　　：そうやねえ，佑介なら一般就労もありかなって思えるもの。

すずさん：（支援学校の）先生は「進路は本人が決める」「自立！　自立！」っ
　　　　て言うでしょ，それで「そうよね，自立しなければ！」って私が思ってて。

　一種の能力主義の反映で，支援学校からの一般企業への就労はある種，エリートコースのように考えられているのでしょう。佑介さんは文字の読み書きができ，初めての人ともある程度はコミュニケーションがとれ，勤勉なので，スーパで，品出しなどの実習を行いました。すずさんもそこまで報酬を得られるとは期待はしていないものの，多数派の人と同じ職場で就労するということを考えると少しうれしくなったのでした。佑介さんも何日かの実習期間のそれは，楽しくも感じられたのかもしれません。しかし，それを継続することを考えると，これまで経験したことのない世の中の定型のマナーを順守するという，福祉や教育の場とは異なる"厳しさ"があったのです。

　通常考えられる成人期の「自立」は「経済的自立」ですが，現実的には障害のある人を同列に語ることはできないように思います。支援学校の先生が「進路は本人が決める」とか，「自立」と言うのは，社会的に弱い立場である障害のある人たちが，本人が望まない場所があてがわれるなど，多かれ少なかれ，その人格を尊重されてこなかった歴史があるからなのです。

⑵　ぶらぶらっとする２年間

　ある日，すずさんと職業訓練校（注5）の説明会の話になりました。

すずさん：説明の間中，佑介の貧乏ゆすりが止まらないのね。（一般就労のことを考えて）「おはようございます」を言わせることにとてもこだわっているような施設で。（佑介のそんな姿を見ると）「ムリだ〜」ってなったなあ。

　　　　A専攻科も一人暮らしの訓練のような意味合いはあって，本人は少し行きたそうだったけど。そこで出てきたのが，専修学校のY。電車で通える

し。やっぱり毎日顔を見て，どんな様子かわかって仕事に行くっていうイメージもわいて。佑介も居心地がいいんだろうと思った。ぶらぶらっとする2年間があってもいいなあって。

　普通の子じゃないんだから，過保護かもしれないけど，丁寧に一本ずつ行かないとね。

　A専攻科は，平日は寄宿制，週末に家庭に帰るような専修学校です。支援学校の卒業生の中で比較的社会性のある人はよくその選択をしました。その後の佑介さんの進路選択の過程ですずさんの内面での価値の変化が語られました。それは，一般就労が最上な最終ゴールだったところから，身の回りのことが自分でできる──暮らしのスキルの習得へ。さらに，家族との関わりがあるうちはその自立も急がなくてもよいかなという気持ちの変化でした。佑介さんが自分の人生の主役となれるような生活のあり方を家族との暮らし，自分で選ぶことなども含んで，もう少しゆっくり考えたいと思うようになったのです。

　これらは一見，母親がもつ母親自身の独立した価値観ではありますが，すべて佑介さんがどのように感じ，どのようにその場にいるかと想像することを通して，佑介さんとの間主観的なつながりから導き出されているものでした。支援学校高等部の進路に関する活動はキャリア教育一辺倒であり，私もその流れで問いを立ててきました。ミスマッチが起きないように考えられるのは，アセスメントをしっかりすることや，コミュニケーションや対人行動の訓練をすることによって応用力をつけるといったものです。しかし，すずさんが行き着いたのは「ぶらぶらっとする2年間があってもいいなあって」というモラトリアムな期間をもつという選択でした。

(3)　「子どもたちの青春をちょっと手伝う，みたいな」

　佑介さんはY高等専修学校に進学しました。Yは商業科を母体としていますが，近年は学習障害，不登校経験の生徒などの受け皿になっており，個別の教育的ニーズに配慮しながら，社会的に自立することを目的としている全日制の学校です。その取り組み，生徒への構えにすずさんはたいへん感銘を受けた

ようでした。

　以下は，それがわかる象徴的な対話です。

私　　　：もう少し，Yに決めるまでのこと話してくれる？

Yの設立の逸話の語りがあり

すずさん：自分を出してもいいんだっていう居心地のいい場所を作るっていう
　　　　ことが初めっからの考え方なのね。時間をかけてゆっくり。Yのいいとこ
　　　　ろは縦割りだから。数学と国語が習熟度別に，6グループあるのかな。見
　　　　学のときに（習熟度が）上から見てくると，上は中学のおさらいみたいな
　　　　中身なので佑介は「お母さん，もう行かない」ってびびってたんだけど。
　　　　「大丈夫，大丈夫あなたはそこじゃないから」ってね。

　　　　　「プロジェクト」の時間はね，最初は遊んでいるようにも見えたんだけ
　　　　ど。例えば誰かが〇〇に行きたいって提案して，みんながいいねいいねっ
　　　　て言う。どうやって行くのか調べて，地図を用意するのは誰，切符を準備
　　　　するのは誰って。それの打ち合わせを次の日も，次の日も。そういうのを
　　　　1週間かけて実行して，終わったら反省会をやって，ってね。自分たちで
　　　　決めるのね。佑介は決まったことだけ聞きたい方で，話し合いはまどろっ
　　　　こしいっていうか，難しいのね，ミーティング（の時間）はぶらぶらし
　　　　てる感じで。言葉で説明するのができる子とできない子がいるから，過ご
　　　　し方はいろいろなんだけどね。

　　　　　ここでよかったなと思ったのはね，1年の終わりに「研究発表」ってい
　　　　う会があって，その子が興味を持ったことを調べてみんなの前で発表する
　　　　っていうイベント。佑介は2年とも「サザエさんについて」だったんだけ
　　　　どね。それで「かつお」って呼ばれてたの。

　　　　　その日私は午前中一つ仕事してから行かなくちゃならなくて，「母，間
　　　　に合わないかもしれません」って学校に電話したのね。そしたら先生が
　　　　「お母さん，大丈夫ですよ。今，止まってますから」って。発表の番にな
　　　　って，前に立ったはいいものの，（頭の中が）真っ白になって立ったまま
　　　　になる子どもがいたみたいで。みんながそれを待っているところだって言
　　　　うのよ。「たぶん間に合いますよ」って。それを待てるのがこの学校なの

ね。この子はこういう子だからねって［笑う］。しゃべろうとしたら真っ白になっちゃう子っているじゃない。普通だったら先生がどうにか采配しちゃうけど，待つんだって。それに生徒もみんな弱いところを知ってるから待てるんだって。（こんな風に，将来）何になろうかなって，まだ決まらないから。そういう時代があってもいいじゃないか。この子たちが悩める場所をもってもね。

　ここからは自慢になるけどね，校長先生が「お母さん，上手に育てましたね。あれぐらい力が抜けてるんだけど，誰かが困ってたらさささって動く」って言ってくれて。いえいえ，教育者にそんなこと言ってもらえるような親じゃないんですけどね。Yの先生たちはね，子どもたちの青春をちょっと手伝う，みたいな。

　そして，すずさんの予想の通り，高等専修学校の2年間は佑介さんにとって居心地のよいものになったのでした。その中心はやはり子どもたち同士が素の自分でいることができ，存在を認められることでした。

　「ぶらぶらっとする2年間」は佑介さんにとっての"青春"のときだったとすずさんには感じられたようでした。この発表会の件は特に印象に残るもので，すずさんが自分の選択がまちがいではなかった，と誇らしく思っている証明のようなものなのでしょう。自分も"青春"を楽しむような心持ちではなかったでしょうか。すずさんはこのように子どもの体験を──すでに青年ではあるが──自分のものとしてもう一度体験するような気分もあったのです。

　私もまた，すずさんの中の価値の変化から，青年期には青年期なりの「自分づくり」がある，ということに気づかされたのです。養育者や先生の仲介なしに，子ども同士がそのような人だと認め合うことは，たいへん高次な人に対する認識であるし，友だち同士が支えあうこのときの発達には，自分の自信となる豊かさがあると思います。

(4)　「働くこと」のモチベーション

　佑介さんは高等専修学校に2年通ったのち，就労継続支援B型事業所Fに入

所しました。自動販売機の管理業務，公共施設の清掃，ふれあいマーケット（市民病院に設置）での野菜・パンの販売などの作業の他に，マナー講座などの社会生活，ダンス・園芸といった特別活動などさまざまなプログラムが設定されています。作業の内容にひかれ佑介さん自身が選択しました。ここに月曜から金曜日まで通っています。

お金のことをどのようにしているのかの話になって

すずさん：まず，施設長さんに「いくらほしいの？」って聞かれて。2万円にしたのね。すると「2万あげようと思ったらこんな仕事してもらわなければいけません」って。いくらのお仕事を何時間しましたっていう明細があって。 よっしゃと，2万円もらうための設定をしたの。その中から，お弁当代，携帯代を母親に払うようにというのは作業所で“しつけ”してくれてるみたいで。

　自分で働いたお金を持って，年に1回秋頃かな，繁華街に遊びに行く。2万円持って電気街の方に行くのね，アニメのお店とか行って買い物したり。私はつい，「お金使いすぎないように」とか口出ししたくなるんだけど，夫が「ほっとけよ」って言うのね。自分が働いたお金で好きなことをする，自分で決めることを積み重ねる，っていうことは大人として生きることの中で大切にしたいと思っていて。「お金がほしい」が仕事をするモチベーションになっている。

　家では家事をしてもらって，お風呂そうじとか洗濯物を取り込んでたたむとかね。それで毎週火曜日におこづかいを1000円渡すのね。家事の機会を奪ってはいけないからそれも見守ってて。親より経済観念が発達してるみたいで［笑う］。余暇のサークルの参加費や映画代とかは佑介が自分で出してねって言うと，最近は一度言ったら「はい，わかった」って，自分の部屋のどこかにお金を隠しててね，ぱあって取ってきてね，自分で出す。

　佑介さんは，作業所に勤めるかたわら家事を担い，すずさんからお小遣いとして報酬をもらっています。家族の一員として責任をもって役割を果たしてい

るのです。週末は一人で自転車に乗ってショッピングモールに出かけてゲームをしたり，本屋さんやおもちゃ屋さんなど気になる場所を見て回ったりします。年に 1 度のお出かけの日はハレの日です。佑介さんはある程度お金の価値を知り，自分の楽しみをモチベーションとして働き，自分でお金を稼いで使うことをしています。そのことを含め，自分の好きなことや趣味をもつことは，長い生涯を考えたとき，とても大切になってくると考えます。

⑥　おわりに

(1)　母親はいかに子どもをわかるか——青年期以降の「自己」

　紹介した 2 人の母親は子どもの捉え方，それにまつわる子どものためにしてきたことにも違いがありました。

　薫さんは桃さんの人とはちがった行動を早くから「特性」と捉え，構造化のプログラムで子どものわかりやすい環境を作ることで子どもとつながることを目指してきました。桃さんが幼少時に薫さんとつながれなかった経験が特性を補う関わりへと彼女を導いていきました。タイミングを逃さず，グループホームへの入所も果たし，桃さんは順調にそこでのペースをつかんでいきました。そして，お母さんがいなくて「寂しい」という事態に初めて直面し，その「さびしい」という心持ちがどのようなことなのかを初めて実感を伴って感じられたのです。間主観性の扉が大きく開かれた瞬間ではなかったでしょうか。桃さんはグループホームにいても日常のルーティンを崩さず，見事なくらい自己管理ができています。多数派の人であれば，情動の発達と身辺自立が絡まり合いながら進むものですが，桃さんの場合，両者は個々に発達したように思います。情動に裏付けられたものではなかったけれど，薫さん，桃さんの 2 人の努力によって身につけたものでした。20 歳のここにきて，愛着や基本的信頼と似たものになってきました。また 2 人の間の〝共通言語〟はある程度同じように感じるベースを，長い時間をかけて作ってきたと言えるのではないでしょうか。

　一方，すずさんは，佑介さんに何か特別なことはせずに，年齢を重ねるごと

にお互いを映し出すことで，だんだんとわかってくるというスタイルだったように見えました。それは，間主観的な感覚の面では最初からわかりあっていたという事情が関係しているでしょう。間主観的な感覚の共有を手がかりとすることは大人になってからも自然にありました。佑介さんはボランティアの学生たちからも　たいへん人気があります。誰かが困っていたらさっと動きます。その所作はやってあげてる感もなく，実にすがすがしいものなのです。すずさんの社交性と，人のために尽くす心性と行動が自然に佑介さんにも受け継がれたと感じます。

　いわゆる社会的スキルや知的な面の能力を考えると桃さんと佑介さんはよく似ています。しかし，自己感の形成過程から考えると2人はずいぶん違って見えます。共通していることは，人は一人で生きる形をつくるのではない，一人では完結しないということです。

(2)　親離れ・子離れ──信じて，手放すために

　日頃明るく力強く見えるすずさんでさえ，「佑介より1日でも長く生きたい」と言います。いわゆる“親亡き後”の心配です。2組共に「自己形成」にも母と子の長い二人三脚の時間がありました。子どもを信じて子どもの自己の発達を子ども自身の下に手放すには，自分のしてきたことへの確信と，子どもを信じる勇気が必要なのではないでしょうか。

　障害のある人がその存在を尊重され主体的に生きる──本来の意味における「自立」とは，「労働」「経済」をめぐって，社会的に有用であるかどうかを問うことではありません。障害のある人，ない人のどんな生も肯定されることを目指すとき，関わりやつながりのもつ力を感じます。「学校の間は先生をはじめとして，子どものことを考えてくれる人たちがたくさんいたのに，卒業するとぱたっと助けを求める先がなくなる」とASDの子を育てる母親たちは言います。先に見てきた余暇サークルでは些細なことも相談し合ったり，うれしいことを分かち合ったりしています。認め合う仲間がいる，家族ぐるみのつながりに生まれる安心感や居心地のよさは，本人だけでなく，家族にとっても重要なものなのです。私も障害のある子どもをめぐる当事者とは言えないかもしれ

ませんが，確かに心地よさを感じてここに入れてもらっているのです。

(3)　「家族の流儀」は「家族」の流儀にあらず

　本書の編者である青山氏らが日本発達心理学会の大会で「家族の流儀」を問題にしてラウンドテーブルをスタートさせたときの発想は，障害のある子どものケアを一身に担っている家族を孤立させることなく，支援者も共にあることを宣言することが原点だったように思います。私は，「家族の流儀」の考え方を取り込むことによって，ASD のある人を関係から捉えることと，子どもも家族も，それぞれが個別具体的な生を生きる存在であるということをはっきりさせることができると思い，仲間に加わりました。

　「家族」の振る舞いは社会全体の障害に関する考え方，家族に要請してくるものの反映であることはどこまでいっても免れません。その意味で各家庭のもつ「家族の流儀」は純粋なまったく独立してオリジナルな「家族の流儀」ではいられないでしょう。親と子が懸命に生きてきて，納得して選び取ったものであるのならば，どのような選択であっても尊重される世の中であってほしいと思います。

　そして，上で見てきたように，閉じた家族関係の外側に，広がりのある仲間の輪があれば「家族の流儀」は 1 つのものにとどまらず，変化をおそれずにすみます。それはどれほど心強いものでしょうか。勇気がわきます。すなわち「家族」の枠を強固なものとせずに，緩やかなつながりの中に開かれている「家族」であろうとすることが，長い人生で最も重要なことなのではないかと考えます。そして，人の安心の居場所の終着点は，どの人のものも，この「私」も含まれた社会に託されているのです。

注

1　「主に養育している人」という意味で「母親」を使っている。父親他を排除しているわけではないが，私と対話をしているのはすべて母親である。

2　放課後等デイサービスは2012年4月に児童福祉法（昭和22年法律第164号）に位

置づけられた新たな支援であり，その根幹には障害のある学齢期の子どもの健全な育成を図るという使命がある。

3　ここでは，鯨岡（1999）が展開した関係発達論の中の，やりとりや気持ちの共有が行われる事態，身体を通して相手の気持ちや情感がこちらに伝わってくる事態として用いる。

4　本稿は「エピソード記述」という書き手の主観も含みこむ研究方法を用いているので一人称に「私」を使っている。

5　職業訓練校は，障害がある人の雇用促進につながるよう，障害者雇用促進法に基づいて国が設置して都道府県が運営している。

文献

鯨岡 峻（1997）．原初的コミュニケーションの諸相　ミネルヴァ書房

鯨岡 峻（1999）．関係発達論の構築　ミネルヴァ書房

Stern, D. N.（1985）．*The Interpersonal World of the Infant* London: Routledge
　　（スターン，D. N. 小此木啓吾・丸田俊彦（訳）（1989）．乳児の対人世界——理論編——　岩崎学術出版社）

Wallon, H.（1952）．*Les etapes de lasociabilite chezl'enfant.* Enfance, Année
　　（ワロン，H. 浜田 寿美男（訳）（1983）．身体・自我・社会——子どものうけとる世界と子どもの働きかける世界——　ミネルヴァ書房）

山崎 徳子（2015）．自閉症のある子どもの関係発達　ミネルヴァ書房

第3章

【座談会】

ASDのある子を育てる家族への支援を再考する
—— 大石家の「家族の流儀」

座談会出席者：大石 明美，青山 新吾，勝浦 眞仁，市川 奈緒子

（PC画面左上から時計回りに）

　大石明美さんは，2023年現在夫婦と3人の息子（長男洋之さん42歳，次男真也さん39歳，三男隆文さん36歳），そして長男の妻の6人家族です。次男と三男にはASDがあり，現在別々のグループホームで暮らしています。

　本書の編者のひとり，青山が以前次男の真也さんの「ことばと情緒の教室」（現在の通級指導教室）の担任だったことから，青山と大石家のお付き合いが始まり，現在までさまざまな形で続いています。そのご縁で，本書の編者の3人と大石明美さんの座談会を行い，これまでの子育てについて話を伺いました。

診断がされたとき

市川：次男の真也さんは２歳半で診断，三男の隆文さんは３歳で診断とのことですが，診断された頃の話を伺えますか。

大石：次男の真也は１歳未満の頃は笑顔もあり，母親を認識している様子も見られたので，障害があるとは思いもしなかったです。２歳過ぎくらいで私の母から「呼んでも振り向かないし，耳が不自由なんじゃないか。専門の病院で診てもらったら」と言われました。真也はお菓子の袋を開ける音を聞いていちばんに来るとか，音楽を喜んで聴くこともあり，耳が不自由というのはピンと来ず，半年ぐらい病院には行きませんでした。でも母を安心させたかったので，子ども医療センターに連れていきました。

　そのときは知恵おくれ（現在の知的障害）という診断でした。診断を聞いたときはショックというよりも，言葉が遅いのもいろんなことが理解できないのも，これは知恵おくれという障害があるんだという，驚きというより，知恵おくれと言われたらなるほど，そうなのかという感じでした。

　センターの帰りに次男の手をつないでホームで電車を待っていたとき，何ていうんですかね。不安は当然あったと思いますが，絶望感で電車に飛び込もうとか，悲壮感はなかったです。不安より，真也をどう育てていこうかという気持ちの方が大きかった。希望をもつというよりも，前を向いて生きていきたい。でもそれにはどうしたらいいんだろうみたいな感じです。なんかあの駅の漠然とした雰囲気，診断を受けた帰りに真也の手を握り電車を待つとき思ったことや，あの状況は今でも忘れられないですね。

　その後，神奈川県藤沢市から岡山県津山市へ引っ越しました。三男の隆文は，三歳児健診のとき津山の児童相談所で自閉症と診断されました。そのときもどうやってこの子を育てていこうかという気持ちの方が大きかった気がします。隆文の育児のときはもう真也を育てていましたので，注意深く観察していました。社宅に同じ年の子がいて，８カ月の２人を並べたとき，隣の男の子は隆文を興味津々で見ていました。でも隆文は知らん顔で，そのとき「この子は何かある」「なんか違うぞ」と思ったんです。主人にその話をすると「いや，そんなことないよ」と信じませんでしたが，

私はなんか直感めいたものがありました。真也を育ててきたように隆文も育てていけばいいという感じだったように思います。

市川：真也さんと隆文さんは，育てるうえではずいぶん違っていたそうですね。

大石：同じ自閉症でも違いましたね。次男は２歳過ぎた頃は超多動で目が離せない。当時，藤沢の社宅にいたのですが，外で遊ばせても家にいても，目を離すとすぐいなくなって探すの繰り返しでした。ただ，けがをしたり，警察にご迷惑をかけたことは一度もなく，見知らぬ人に教えてもらったり，助けてもらったりでした。交通量の多い交差点に走って行ってしまい，追いつけなくてもう駄目だと思ったら，交差点の信号が不思議と青で，真也が横断歩道を渡り終えていたこともありました。線路の中に入りかけたときは真也の存在を教えてくださる方がいて助かりました。あの子を育てるときには，神様が守ってくださっているのかなと思える奇跡のようなことがたくさんありましたね。

勝浦：診断後，駅のホームの場面，情景がありありと浮かびました。前を向いて生きていこうという信念は，昔からもっていらしたものなのでしょうか。

大石：「どうにかなる」といつも言うポジティブさは，私のもって生まれたものだと思います。だから切り替えられるんですよね，気持ちを。

　母親が前向きな気持ちでいたのは，長男洋之にも伝わったようです。前を向いて生きていくとは，障害があることも含めて肯定していくことです。母親がそう思っていたので，洋之も自然とそうなったのでしょう。

　小学生のときには友達を平気で家に連れてきていました。三男が小学１年のとき，小学６年の長男が友達を４人ぐらい連れてきました。次男は横でキャーキャー言って飛び跳ねていましたが，友達は誰もそれを見ないし，ゲームに夢中でした。夕方みんなが帰るとき庭にいた三男に「大石くん，さようなら」と言ったら，三男が「さようなら」と答え，みんな「ちゃんと言えるんだ」みたいな感じで帰っていきました。長男に「それはどうしてなの？」と聞いたら，「前もって弟２人のこと説明しておいた」と言うんです。すごいなと思いました。私自身，障害は特別なものではないと考えていますが，それを長男も自然に受け入れていたんですね。いろいろあったかもしれないけれど，平気というか，どこへ行くのも僕は行か

いと言わず，一緒に行動していました。家族みんなで一緒に共有する。そういう関わりもあったと思います。

一人の人間として育てる

勝浦：そういう姿をご主人はどう思われていたんでしょうか。

大石：父としての葛藤はいろいろあったと思います。障害の子どもが2人も生まれたことも含めて。でも，先ほど話したように母である私が嘆いたりしないから，主人も長男同様に特別視することはありませんでした。

　　障害があろうが，重かろうが軽かろうが，1人の人間として育てる，そこは私と主人がぶれずにもつ共通の思いです。子育てをしているとマナーやルールを教える場面でときに厳しく注意することもあります。そこで主人が「障害があるんだから」「理解できないんだからかわいそうだ」と間に入って止めることはなかったです。「今，お母さんは大事なことを話しているんだから」と黙って見守ってくれました。子どもとやりとりする大事な場面では，両親のどちらかが絶対水を差さないことは大切です。仮に父親が言葉を挟んだら，子どもから見たら注意して話す母親が悪く思え，母の指示に従わなくなるかもしれません。父親は「なぜお母さんは注意したのかな，○○したからだよ」というように後から子どもに母親の立場をフォローできると，互いの役目がバッチリですよね。

　　三男は一般就労で，正直私にはちょっと心配もありましたが，主人は「きつい仕事だってある。でもそれが働くことなんだ」とぴしっと言いました。2人が自立するときも「その年齢で自立するのは当たり前のこと」と言ってくれて。母として不安な気持ちの中，主人が背中を押してくれ，決断できたことはありがたかったです。

勝浦：1人の人間として育てようというのは，子どもを授かる前から夫婦で話をされていたんでしょうか。

大石：2人で話して決めたというより，私の成育と関わっているように思います。私の父が非常に厳しい人で「おまえのためだ」「おまえが大人になったときに困らんように」とよく言われました。大正生まれの父は手も出ま

したけど，しかりっぱなしでなく，なんで厳しくするのかきちんと説明してくれました。事実，父の言葉は私の心の中にあります。父の魂や思いを大切に受け入れてきていたんですね。それがあるから自分が子どもを授かったとき，父のようにやればいいと思えた。子育て中，子どもに父と同じ口調で言っていると気づき，恐るべし DNA と思ったときもありました。

市川：1 人の人間として育てるという柱はずっとぶれずにあったのですね。

大石：そうですね。次男が 3 歳のとき，一応母親の役を終え，指導者であろうと思いました。母親だとかわいそうだ，つらいと思ってしまう。でも指導者なら第三者的に，ある意味，冷静に見ることができます。母親としての母性を全面に出したら自分がぶれて育てられないと感じたから，母親をやめて指導者として自分は生きていこうと思ったんです。さらっと言っているように聞こえるかもしれませんが，この境地に至るまでは実はすごい大変で，当時の私は大変だったゆえにいろいろなものを受け止める余裕もなく，正直そうしないと育てられないと思いました。母親をやめたといってももちろん，母親の愛情はありますから，ただ気持ちのうえで母親を終えようと思ったということです。第三者的にこの子を見て，育てていこうと。

　でもね，いろいろ言われましたよ，当然。「あそこまで厳しくしなくてもいいのに」「お母さんなのに」そんな冷たい視線も受けました。たとえばお菓子をあげるとき，次男には目の前にあるお菓子を 3 つというきまりにしました。食べたらそれで終わりなので「もうちょっと食べさせてあげてもいいんじゃない」と言われたこともありました。でも私は，3 つで我慢できる真也に育てたかったんです。そうしないと，どこへも連れていけないと思っていたから。「3 つで我慢」とぶれずに教えるには，自分の中に軸をもち続けることが必要で，母親という気持ちだとどうしてもグラグラしてしまう。だから指導者としてのマインドで育てることにしたんです。

　私はそれでよかったと思っています。客観的に見て伝えられたのは，母親ではなくて指導者に徹することができたからです。真也はもちろんかわいかったですから，真也も絶対に母を冷たいとは思わないはずだと。こう考えると，私の父がやってきたこととだぶるんですよね。父も，父親という気持ちを抜きにして私に教えてくれたのかな，と。私らには優しさみた

いなものは見せなかったけれど，父なりの信念があったのかなと思います。

　まだ小学生だった真也と隆文が，主人と家で留守番をしていたことがありました。「ただいま」と帰ると，私を見て主人が笑うんです。「どうしたの？」と聞いたら，「真也と隆文がすごいくつろいでいたのに，お母さんが帰ってきたとたんピッと正座してそれがおかしかった」と。このエピソードからもわかるように，私は母親ではないんです。でも私はその話を聞いてとても嬉しかった。「よしよし，これでいいんだ」と。母であることには間違いないわけだから，今でも私は指導者です。

市川：指導者に徹しようと考えた，きっかけはあったのでしょうか。

大石：はい。ことばと情緒の教室の先生（編者注：青山の前任者）から，「よいこと，いけないことをきちんと教えていきなさいね，甘やかして育てたら大人になったとき言うことを聞かなくなって困るよ」と言われたことです。それが私の子育て観が確立したきっかけですね。厳しく育てるとは，きちんとしつけをするということで，父が頭に浮かびました。

　先生は真也を見て，この子は大変だと感じたのだろうと思います。もちろんそんな言い方はされませんでしたが，キャリアのある先生だったので思春期の真也を想像できたのでしょう。そして厳しく育てると言っても私は受け入れるだろうとも見抜いていたのではないかな。3歳の真也をどう育てていいかわからない状態でしたから，「よし，これでやろう」とすとんと私の腑に落ちました。1人の人間としてというのは，つまり心を磨くことです。知的におくれがあっても，心はみな一緒。素直な心，人に感謝する，世の中にあるルールを守るために我慢する，そういう心をもつ子どもに育てることは，私の父の子育ての指針でもあったと思います。

きょうだいの想い

青山：長男の洋之さんに対しても，指導者だったのですか。

大石：いえ，洋之は昔からいろんなことを悟ってるというか，困らせない子でした。反発しないし，嫌だって言わない。だからこちらも言うことがないんです。洋之は思春期も何も変わりませんでした。私の友人が，「洋之は

『真也と隆文を育てて頑張っている姿を見ていて，反発とかそういうもの
はできなかった』と言っていたよ」と教えてくれました。そのとき，私が
思う以上に洋之は大人だったんだなと思いました。自分がこうしたらお母
さんに迷惑かけるとか悟っていて，結局，小さいときから思春期を経て今
も全然生き方が変わっていないです。なかなかの人間です，あの子は。

青山：洋之くんの宿題のプリントを真也がバラバラにした出来事もありました
　　　ね。洋之くんがひどく怒ったけれど，お母さんは怒らずにプリントを貼り
　　　合わせ，アイロンをかけて伸ばして持たせたとか。プラモデルを真也が
　　　バラバラにしたのに怒った洋之くんが真也に殴りかかりに行ったときは，
　　　「弟を殴っていい」と話したと当時伺いました。殴る寸前で洋之くんがや
　　　めて「もう，ええ」と言って出て行ったとか。こういう葛藤場面はおそら
　　　くいっぱいあっただろうけど，洋之くんは両親を見てちゃんとわかってい
　　　たんだと思います。何でもかんでも「弟のために我慢しろ」と大石さんが
　　　言っていたわけでもないので。これまでの大石さんの話を伺いながら，そ
　　　ういうのも全部踏まえたうえでの洋之くんの達観だなと感じました。と考
　　　えると，大石さんが指導者でなかった部分もあったのではないかな。

大石：母親ですから，当然100%指導者にはなれなかったと思います。私，子
　　　育ての中でうれしかったことや楽しかったことは記憶に残り，つらいこと
　　　や苦しかったことは忘れるんです。こうやって先生方や周りの友人に話し
　　　てもらうと，自分の記憶では消えているので，ひとごとみたいに聞けます。
　　　苦労はありましたけれど，過去として思い出すとそんなに大変ではなかっ
　　　たような感じです。苦労は周囲の人が憶えていて，うれしかったことや楽
　　　しかったことを自分は憶えているのだから，本当に幸せな性格です（笑）。
　　　　洋之はやはり宝として育てました。洋之がいることで家の中が明るく楽
　　　しかった。会話ができる，しゃべってくれるってどれだけありがたく，う
　　　れしいことか。正直，隆文とか真也とは会話できないわけですから。洋之
　　　が話してくれることは私の楽しみ。洋之は私と一緒で，学校であったこと
　　　やいろんなことをよくしゃべりました。忙しくて聞けないときも，「後に
　　　して」と言って中断するのではなく，必ず相づちは打ちました。男の子っ
　　　て自分の話をしたらそれでOK みたい。とにかく，洋之がしゃべる言葉は

わが家にとって宝物でした。

　私は障害をもった子どもの親にもなったけれど，洋之がいたことで，健常の子の子育ての楽しみも味わい，２倍楽しめたという感じです。今の私の中で洋之の存在は，生きてこられた力になっています。

社会の中で生きていくこと

市川：１人の人間として育てていく。みんな心は一緒だから他人様にかわいがってもらえる，ルールを守れる人にするというのが子育ての柱で，それを落とし込んでいくために家庭内のルールを徹底する，そのために指導者に徹したのですね。「お菓子は３つだけ」というように日々の具体的な判断を決めていくのは，一般的にすごく難しい気がします。大石さんはルールをどのように決めたのでしょうか。

大石：「お菓子は３つ」というルールを決めたのは，自身の体験からなんです。障害をもった親子の茶話会で真ん中にお菓子が置かれました。「お好きにどうぞ，みんな食べて」と言われたとき，ある男の子がお菓子のところにダーッと行って大半を取ってしまったのを見て，びっくりしたんです。「欲しいんだね，食べなさい」と言う方も周りにはいらっしゃいましたが，私はその発言をとても不自然に感じました。「これではどこにも連れていけない。障害があるから独り占めが許されるわけでなく，他の人と分け合えないといけない。それならばあらかじめもらえる数を決めたほうが私も楽だし，本人も楽ではないか」と考えるようになりました。ルールを決めるのはかわいそうと捉えるのか，ちゃんと決められたルールを守れる真也が楽なのかと，私はそう思ったんです。好きなだけ勝手に食べて許してもらえる場所はどこにでもあるはずないですし，マナーが優先される場も多いので，ルールはしっかり教えるほうがいいと考えました。

　そこには，成長していく真也をどんな場所でも連れて行き，一緒に楽しみたいという気持ちが私のベースにあったこともあります。外出時に大変な思いをしたときも正直ありましたが，「もう二度とごめん」ではなく，必ず「楽しかったよね，また次行こうね」と思えることを大切にしたいん

です。そうすると一緒に行った主人も洋之も報われたような気持ちになるでしょうし，いろいろあっても「よかった」になります。

　ルールをもう一つ。大石家はご飯は一膳です。きちんとした食事の量を決めておかないと，障害をもつ子は食べることに反応しますし，うれしそうに食べる姿を見ると親も食べさせたいと思い，肥満につながります。そうなったとき困るから一膳と決めました。この世の中，何が起きるかわかりません。もし災害で食べられない事態に陥って「２杯目はないよ」「１杯だよ」というときも，我慢できる息子たちでいてほしいと思います。

　十数年前，知人の結婚式に出席する途中である家族と会いました。自閉症の弟がいないので尋ねたら，「親族が集まる場には同席させられない」という回答でした。いろいろな事情があるとは思いますが，きょうだいでありながら障害があるからとの理由で出席できないことを私は残念に思いました。きょうだいだからこそ，そうした場に連れて行ってやりたい。葬儀もそう，お別れに同席させたい。だからこそ小さい頃からルール，マナーを教えてきた気がします。そして食べ方もきれいな方がいいです。会の集まりでハイキングに行ったとき，結構重度の自閉の青年が，正座をしてきれいに食べていたのが横で見ていてとても気持ちよく，「このように育てたい」と思いました。

　いいことも悪いことも含めてですが，子育てを考えるきっかけには必ずモデルがありました。モデルがいるからこそ，「こういうふうにやっていこう」と決められる。そして，そこからぶれない。モデルがあることで，将来をイメージして子育てができたように思います。

強度行動障害の時期を経て

市川：真也さんは，特別支援学校高等部１年生の夏ぐらいから，動きにぎごちなさが出て，その後動けなくなり，固まるようになり，うちの中でもトイレに行けなくなったことがあったそうですね。学校を休学された時期もあったと伺いましたが，この苦しい行動障害の時期をどのように乗り越え，そのことで何が変化したのでしょうか。

大石：多動を止める多動のマニュアルは持っていましたが，固まりを動かすマニュアルはなかったので，初めてそれに向き合ったときには焦りました。動かないから動かそうとするわけですが，それは動きのみへの対処で，当時の私は「いちばん困ってたのは真也だ」ということにだいぶ後まで気づけずにいました。最初は動かすことにのみ気持ちがいってしまい，今考えるとどうしても強引で，動かそうと叱ることもありました。

　指導者として子育てをしてきて15歳で行動障害になるまでは，真也のことは私がいちばんわかるという自信があったんです。でもこの行動障害で，何をやってもうまくいかなくなりました。やってきた自負があるから，いろいろやろうとする，でも駄目。別なことをやろうとするけど駄目。全部うまくいかなくて，私の自信も全て崩れました。私の気持ちがもう落ちるところまで落ちたわけです，家族の存続が危ぶまれるぐらいに。司令塔である私が自信をなくしたら，真也はもう一気に崩れました。私がいちばんの司令塔だったんだと改めて認識しましたが，そこから立て直す余力は私にはなかったです。全部使い果たしちゃったから。

　そのとき片倉信夫先生 (注1) のご指導もありました。真也は2泊3日で片倉先生の合宿に行き，元に戻って帰ってきました。行きは車に乗せて強制的に連れていかざるをえなかったのですが，しばらく外出できていなかったので抵抗して大変な騒ぎでした。3日後に合宿から帰ってきた真也が，普通に車から降りて，普通に鞄を持ち，普通に歩いているのを見たとたん，完全に自信をなくした私は「やれる」「手立てがある」と感じました。そこからまた立ち上がり，這い上がったんです。

　片倉先生から指導いただいても，本当の意味での自信はもてていなかったように思います。自信がない中でもあきらめず，一生懸命に取り組んでいくうちに，真也が答えを出してくれました。固まりを動かすというのは，見方を変えれば，強引なやり方をすることもあるんです。トイレへ行くのに時間がかかったときも，一気に行かせるためには抵抗されるから強引になります。片倉先生のアドバイスで，あの2時間かかったトイレが1分もかからないように行けるようになるわけです。するとそのとき真也がふっと笑顔になるの。私，自分で言うのも変ですが，普通の人は見落とすかも

しれないような一瞬の笑顔とか表情を見落とさないんです。これは私，神様から与えられた才能かなと思うんですが，そういう一瞬の笑顔が見られると「この対応は間違っていない」と確信できるようになり，真也の動きのみでなく心，内面に入っていかないと改善しないんだろうなと思えるようになりました。そして今度は真也の心をくみ取り，感じながら，一緒に生きていくと考えられるようになったんです。行動障害を乗り越えた結果，子離れへ，自立へとつながっていったのかなと思います。

　真也の行動障害のときの私は，人生史上最大に落ち込み危なかったですが，私の人生の大きな転機にもなりました。行動障害はもちろん来ないほうがいいですけれど，得るものがものすごく多かった。あのときの経験があるから私は NPO じゃがじゃが（注2）を友人と立ち上げられたのだと思いますし，自分の経験を踏まえて約10人の子どもたちを指導できたのも，母親たちに自閉症という障害の子をもつ同じ母親としての思いを伝えてこられたのも，全て真也の行動障害での実践があったからです。もし，真也の行動障害が起きなければ，確実に NPO じゃがじゃがは立ち上げていなかったでしょう。私自身が苦労して取り組んだ結果を他の母親に伝えていきたい，恩返しのつもりで助けてくださった先生方の取り組みを微力ながら伝えていきたいと思えたのも，あの経験があったからなのです。

市川：話を伺って思ったことですが，行動障害は，真也くんが1人の別人格として自立していった過程ともいえるのではないでしょうか。

大石：そうだと思います。真也も一回り成長したかったんですね。私が真也に抱いていた絶対の自信は，下手すると過信につながります。だから真也が乗り切れなかったというか。何かそこにあったんでしょうね，真也の中に。いろんな事情があって固まりという行動障害が起きたわけですが，根底では真也も親離れしたかったのかな。結果オーライじゃないけれど，経験は全部身になっていますし，私にとっても大きくて豊かな経験になりました。

親離れ・子離れ

青山：三男の隆文さんの親離れはどうだったのでしょうか。

大石：真也と私の距離があまりにも近かったからか「うまいこと切り抜けて関わらんとこ」みたいなところがあります。隆文はある程度しゃべれますし，そこそこやれますから，「自分は自分で楽しもう」「わが道を行く」みたいなマイペースな生き方を隆文なりに悟ったのかなと思います。

　小さいときはわりとおもしろかったですが，今はほとんどしゃべりません。でも私はそれが普通と思っています。「そんなこと隆文は話すんだ」とか家でも知らない隆文のことは他の人が知っていて私には見せない。それが寂しいとかでは全然なく，隆文は私以外のところで見せるそういう姿があるんだな，それも親離れだと思っているので，逆にうれしいです。隆文は大人になったんだなと思います。子どもは親離れするのが普通ですから。

勝浦：一人ひとりに合わせて距離を取っているところが素敵ですよね。

大石：きっと他の家庭もそうだと思いますが，意識せず自然にいい距離感になっていくものなのかなと。うちは真也の行動障害という出来事があったのでこうやって明確に伝えられますが，あの経験を通じて一つの信頼関係が生まれ，その中で子離れ，親離れができたのだと思います。

市川：障害のあるなしにかかわらず，子離れできると思える親の気持ちには，「この子はもう自分で生きていける」「私がいなくても大丈夫」という信頼があるのかもしれませんね。

大石：同感です。お母さん方から子どもの困りごとの相談を受けます。最終的に私が聞くのは「あなたは○○くん信じてますか？」です。「えっ」という顔をされますし，「いろんなことをやらかしているけれど，やらかしている意味をわかってる？」と問うと，言葉に詰まるお母さんが多いです。でもそこをわからないと，問題行動ばかりに囚われてしまいますし，結果的に困ったことは続いてしまいます。

　出ている行動はさまざまあっても，子どもの心を知っているのは母。その子の心さえつかめていたら，絶対大丈夫。母親には子どもの内面，心を見てつかんでほしいと，折に触れて伝えています。

　じゃがじゃがで私が子どもの内面の話をすると，聞いているその子が笑顔になるんです。「ほら見てごらん，今聞いてるよ，ちゃんとわかってい

る。だからこんな顔になるんです。これを忘れなさんな。これがこの子の本来の気持ちだよ」と母親に話します。何があっても子どもを信じることさえゆるがなければ，まっとうに生きていけます。問題行動に親は振り回されますから，なかなか難しいですよ。でもね，子どもの内面を知っていかないと何も始まりません。「あなたのことわかっているよ」「信頼しているよ」という信頼関係があれば，必ず乗り越えられます。それは私の経験上，確かなことだと思います。

家族としての信頼の積み重ね

青山：行動障害の頃の真也のことはよく覚えています。片倉先生が来てくださらなかったら，というほど危機的状況でした。片倉先生は真也の状態を戻せる自信が100％あったから，３日あればよいと言われたのだと思います。初日に僕が合宿場所に行ったら，その時点であの固まっていた真也が自分でお箸を使って弁当を食べてました。何カ月間もトイレへ行くのに往復で４時間，５時間かけて，どうやって真也を動かすかとやっていたのに，もう有無を言わさぬすごさがありました。片倉先生は「大石さんのところやったら，こうやって戻したら，あとちゃんと行けるやろ」とおっしゃっていました。その言葉は大石家に対してであり，僕も含めたフォローする人間に対してもです。要するにサポートできる人もいて，家の本体もかっちりしてる。合宿で対応した後は，大石家は戻せば復活していくという読みのもとだったんです。片倉先生は誰のところにでも行ってすぐにお助けマンのようにするという仕事のやり方は絶対されていませんでしたから。その辺りの行動障害を扱っていくシビアさと，行動障害の経験をきっかけに大石家が次の章へ進むという感じがお話からすごくよく伝わってきました。

大石：片倉先生のある本で「自分たちは魔法をかけたんじゃない。その後，お母ちゃんがどれだけこのことを引き継いでやってくれるかにかかってる」という言葉を読み，「やはり片倉先生はそう思われてたんだな」と感じました。誰でもあそこまではできる。でも，魔法をかけたわけじゃないから，僕たちが帰った後が問題なんだということです。でも，大石家はやれる，

そういう見通しはあったと書かれているのを読んだとき，とてもうれしかった。お母ちゃんはやれる，やはりそれも信頼関係ですよね。命が危ない，大石家が危ないというギリギリのところまで来てましたから大変でしたし，本当簡単なことではなかったですけどね。でも，逆にそのときは洋之が本当に飄々として，みんながずんと沈んでいるときに洋之がいてくれたことが助けになって家族が救われたような気がします。

　私はそれまで絶大なる自信をもっていたので，主人の話には違うとすぐ言っていました。そうすると，主人も言わなくなるんです，否定されるから。でも，あのときトイレにかける2時間が私には耐えられなくなって，「もう無理」と言ったとき主人は何も言わず，それを繰り返し行ってくれました。そのとき私はなんという勘違いをしていたんだろうと思い，そこから変わったんです。話をする中で「お父さんもいいこと言うじゃない」「なかなか考えてるじゃない」と思えるようになりました。結局，私が聞く耳をもたなかったんですよね，自分に自信があったから。とんでもない勘違いです。こう考えると，夫婦の間にも，行動障害のおかげで新たな積み重ねができたと言えますね。1人の人間として子育てしたいという気持ちは共通していましたが，価値観が違ったり私が自信があったりした分で生じたずれが全部崩れて，再構築できたのかなと感じています。

青山：当時大石家に行ったとき，「ご主人すごいな」と感じたことを思い出しました。仕事帰りのご主人は「ビール買ってきたよ」と言って家に戻られていたんです。確かに真也は大変，家も本当に大変，でも生活してるんだから，そういう部分が全く欠落したら生きていけなくなる。日常生活が維持されている中で，すごい大変なことは起きているのだよということを教えてもらえた気がします。真也はずっと「トイレどうすんねん」みたいにやってるけど，確かに仕事終わって帰ってきてるんだし，大石さんもコーヒーいれるとかね。そういうのを僕は大石家で強烈に教わりました。生活するってこういうことを言うんよと。行動障害だけで生きてるわけじゃない。日常の生活という感覚もなくなったら本当に危ないだろうなと。

大石：日常という話で思い出したのですが，片倉先生から「食事場面をビデオ撮影して」と言われたことがありました。撮影といってもうちは変わらず

自然体で，いつもの食事でした。後でビデオを見返したら，誰も会話していない。これを送るのはどうかなと思ったものの，そのまま送りました。

　片倉先生からのコメントは「真也くんも一緒のテーブルで食べてよかったね」でした。それを読んだとき私は，行動障害を抱えた人の中には，その子だけ早めにとか後からとか一緒に食べないこともあるのかなと。「一緒にみんなが食べててよかった」という言葉を見て，これは決して普通のことではないんだと感じたのです。先生には会ったときにも「だからそれが僕はとても嬉しかった」と言われました。そうなんだ。いっぱい飲んで，おでんつついた場面で，真也も固まっていたけど，それが先生にはとても普通に見えて嬉しかったんだなと，そんな言葉を今ふと思い出しました。

これから伝えていきたいこと

市川：自身の子育てを振り返り，付け加えることがありましたらお願いします。

大石：私も年齢を重ね，若いときのような余力もありません。2022年末でNPOを解散しましたが，親の会としての活動は続けていこうと思います。活動を通して自分の子育てを振り返り，子どもたちの指導をしてこられたのは私の人生の豊かな時間。10人のメンバーが欠けることなくついてきてくれ，指導者として約20年以上やれたことは大きな財産です。

　数年前に真也は30代に入り，親に反発することがなくなりました。それまでは男の子だし，反発することも多々ありましたが，真也がなんか全て受け入れてくれている感じがしたんですよね。そのことを指導してくださるある先生に話したら，「それはね，大石さんが真也くんのことを信じてるからですよ。信じてる心を真也くんが受け止めて，それを真也くんがお母さんに返してるだけですよ」と言ってくださいました。「えー」と思った反面，すごくうなずける部分もあって。信じる心は子どもにちゃんと伝わるし，大人になったときにそれをちゃんと返してくれる。問題はまだあるにしても，親子の中では信じる心が成立しているんだな。本当そうだな，私は真也を信じてる，それを真也がわかって，真也が私にそれを返してくれている。信頼関係とはこういうことなんだなと思いました。

勝浦：最後に，子育て中のお母さんやお父さんにメッセージをお願いします。

大石：私が子育てしたときと時代が違いますから，相違はあるだろうし，違っていてもいい。でも，子育ての根本はいつの世も一緒でなければいけないと思います。感謝，素直な心，優しさ，マナー，ルール……人間にとっていちばん大事なことは，時代が違っても不変です。

　隆文にも言います。いろんなことがあったとき「隆文は会社に働きに行ってるよね。それ誰が決めてるの？」と尋ねると「僕です」と答えます。私はすかさず「いや違うでしょ。隆文は働いてるんじゃなくて，働かせてもらってるんだよ」と言います。ここが，私は大事だと思うんです。「働かせてもらっているということは感謝しなきゃいけない，一生懸命仕事しなきゃいけないよね」「働きに行くというのは，あなたが決めたのではなく会社が決めたこと。だから，あなたが腹を立てたり，もし反発したりしたらクビになるかもしれないよ」と。何に対しても，やらせてもらっているという謙虚な気持ちをもつことを忘れずにいてほしいのです。謙虚な気持ち，感謝，素直な心は，これからその子がいろんな経験をする中で心の土台になっていく大切なところです。もちろん能力も大事ですが，心をしっかり育てておかないといろんなところでつまずいたりする。心を育てることを，いつの時代も大事にしてほしいなと思います。

注

1　片倉信夫先生：1948年神奈川県生まれ。行動療法や動作法などの各種理論や技術を応用するとともに，当事者の内面との交流を重ねるオリジナルの指導法を開発，実践することで自閉症児者やその家族の支援を行った実践家。社会福祉法人けやきの郷初雁の家，社団法人　精神発達障害指導教育協会子ども療育相談センター等に勤務後，有限会社かくたつグループを立ち上げ，その生涯を自閉症児者の支援に尽くす。2017年没。主な著作に『僕の大好きな自閉症』『自閉症なんか怖くない―低機能広汎性発達障害者とのつきあい』（共に学苑社）など。

2　NPO じゃがじゃが：2006年，岡山県津山市に大石明美氏を代表として立ち上げた NPO 法人。作業や運動を中心とする療育を行いながら，行動上の不安定さを有し，日常の生活に苦戦する成人以降の自閉症者とその家族との協働を続ける。2022年に NPO 法人は解散。

座談会を終えて

市川 奈緒子

　青山氏が「家族の流儀」という概念を生み出したきっかけの一つとなった大石さんの子育ては，圧倒的な力量で私たちの前に展開されました。もっとも印象に残ったことの１つに，真也さんが３歳の頃に「母親をやめて指導者になった」という発言がありました。母親としての自分だけでは，この子を育てられないという思いからの大きな決断でした。よく，相手を思うからこその厳しい対応を「心を鬼にして」という文言で表しますが，これは「心を指導者にして」という方針だったと考えられます。このくだりに，読者の中には，本書の他の章で記されている「ペアレントトレーニング」の在り方や親を共同療育者にしようとする社会への危惧に矛盾するものを感じるかたもいるかもしれません。しかし，社会からの圧によって共同治療者にさせられることと，親自身が自分の深い思考と決断により，自身を指導者として生きていこうとすることとは，まったく違うことなのです。

　かなり昔のことになってしまいますが，ASD のわが子の子育て本を書いた，ある意味先駆者ともいえる母親の講演会に筆者が行った際，最後の質疑応答のときに，ある参加者が「子育てで一番大切なことは何ですか？」と本質的な質問をしました。それに対し，講師はしばらく黙考し，「子どもを信じること」と答えたのです。30年以上前のことでしたが，この，講師の長年の苦闘の歴史を表すような言葉は深く筆者の心の芯に残り，療育支援に携わっていたときも，この保護者をこの子どもを自分は信じているか，と問い直してみたり，何よりも自分の３人の娘を信じる，信じ切るということはどういうことなのだろうか，と自問自答してみたりしながら生きてきました。その疑問への回答の一端を大石さんは示してくださったように思います。子どもを信じるということは，その子どもとつねに真摯に向き合い，大きな愛情と情熱でもって育ててきた自分自身への信頼と表裏一体なのです。ペアレントトレーニングをやるやらないも，

　療育を利用するしないも，どのような方針で育てるのかも，自分の人生と価値観をかけて，親が自分で考え，選択していく中で，自身と子ども，そして相互の関係への信頼がはぐくまれていきます。もちろん，その道には壁がいくつも現れることでしょう。しかし，その道の正しい方向は，真也さんのわずかな微笑みに代表されるように，つねに子ども自身が示してくれるのであって，決して社会やまわりのひとではない，だからそれを見出せる自分になり，それを示してくれる子どもを信じて進めばよいのだと大石さんは教えてくださったように思います。

　親支援というと，親に的確な指針を与えたり，親の負担を軽くするための方法論（もちろん，非常に大切なことで，それらを否定するものではありません）が論じられることが多いものですが，その先にある，親が自身と子どもを信じられるようになるにはどのようなサポートと社会作りが必要なのか，それを志向していくうえでも「家族の流儀」の概念を追究していくことが大切なのだと今一度考えを深めた座談会でした。

第4章
「家族の流儀」の臨床観
—— 支援者は家族といかに向き合うのか

勝浦 眞仁

① 「家族の流儀」に触発されて見えてきた地平

(1) つかみにくかった「家族の流儀」という考え方

　本書は，日本発達心理学会で継続的に開催されてきた，ASD のある子ども
を育てる「家族の流儀」のラウンドテーブルで話題提供や指定討論をしてきた
メンバーが中心となり執筆されました。コロナ禍もあり，継続が危ぶまれたこ
ともありましたが，2024年にこのラウンドテーブルが10回目の節目を迎える
ことができました。紆余曲折ありながらも，この10年のあいだ見据えてきた
「家族の流儀」について，メンバーがそれぞれの立場から議論した1冊となっ
ています。

　「家族の流儀」という考え方を提唱したのは，第1章を執筆した青山新吾先
生です。青山先生と私との出会いも10年前の日本発達心理学会でした。私が
ポスター発表をしている会場に来て，意見交換をしたことを覚えています。エ
ピソード記述に関する発表をしていたのですが，青山先生も日誌分析をしてお
り，質的なアプローチという点で共通項がありました。学会という場がとても
苦手で緊張している最中，先生の温かい人柄にふれることができたことで，な
んだかホッとした気持ちになったことも覚えています。

青山先生はいったいどんな方なんだろう，話を聞いてみようと思い，参加したのが「家族の流儀」のラウンドテーブルで，この考え方と出会うことになったのでした。そして，青山先生から声をかけていただき，ラウンドテーブルに指定討論や話題提供で参加させていただくことになりました。そのときに出会ったのが，本書で執筆を共にした市川奈緒子先生，沼田あや子先生でした。さらに，私の研究室の先輩であった山崎徳子先生も加わりました。また，国立特別支援教育総合研究所の久保山茂樹先生は，青山先生と共に「家族の流儀」の共同企画者として，共に歩んできてくださいました。第1章で述べられていたような青山先生の仲間づくりのプロセスがありました。

ただ，このラウンドテーブルを開始した当初は，「家族の流儀」という考え方の実態があまりわからずにいました。それまでの私の研究が，ASDをはじめとする発達障害のある子どもを中心に，保育や教育の場で生活する子どもたちの体験世界に迫ることであったため，その背景にある家族というところには，まだ十分に手が届いていなかったのでした。そのためか，ラウンドテーブルの前半5年間，私自身とても難儀していました。ASDのある子どもを育てる「家族の流儀」を考える以前に，家族・親とはどういう存在なのか。また，ASDをはじめとする障害が子どもにあることを家族や親はどのように受け止めているのかといった諸問題に対して，一般論の範疇でしか考えをもつことができていないでいました。私の発表はだいぶ筋違いなことばかりを言っていて，家族に対する臨床を重ねてこられたメンバーの先生方を困らせていたのではないかと思います。

第2章の［1］で述べてきたように，障害受容や共同療育者をはじめとして，ASDのある子どもの親が「障害児の親」としての役割を担うことを社会から要請される，いまなお根強い風潮に対する問題意識はメンバーの先生方と共有していたように思います。そして，ASDのある子どもとその親をはじめとした家族との間で営まれてきたものを尊重した支援が大切だという主張には首肯するところが多くありました。しかし，「家族の流儀」が，要するに親が決心した子育ての方針なのであれば，わざわざ「流儀」という堅苦しい言葉を使わなくてもよいのではないかという考えがめぐったこともあります。また，母親を中心として，ASDのある子どもとの生活の中で，家族に生きにくい状況が

あるならば，まずはどうにかしてそれを和らげていくことが支援者として大切になるのですが，「家族の流儀」が動かしがたいものであればあるほど，時として ASD のある子どもの支援の足かせになるのではないかと考えたこともありました。

　このようにさまざまな考えが逡巡していたために，「家族の流儀」という考えの内実にいまひとつ迫り切れていないままでいました。一方で，ラウンドテーブルに参加したことをきっかけに，ASD のある子どもの親を中心に子育ての話を聴くことや，親の会への参加，幼稚園での教育相談をする機会に幾度か恵まれました。また，個人的なことですが，２人の子どもを私が授かったことで親となり，子育ての渦の中に入っていくことになりました。親として子育てをどのように乗り越えられてきたのかを聴きたいという気持ちも徐々に大きくなり，ASD のある子どもかどうかにかかわらず，先輩の母親，父親の話を聴く機会になっていた面もありました。

　このようにして，親の語りを聴く機会を積み重ねてくることで，ASD のある子どもを育てる親のあり方を巡る議論に参加できる土台がようやくできてきました。第２章の［３］で示したように，ASD のある子どもを育てる親のwell-being という概念や，「わが子らしさ」というところで，ラウンドテーブルで話題提供をし，私なりに「家族の流儀」に迫っていこうとしていました。第１章の青山先生の議論を読むと，同じ方向に歩んでいたように思われ，少し安心しました。しかし，「家族の流儀」という考え方には，まだ辿り着けていない感覚がありました。というのも，語ってくださった親のみなさんの子育てや，私の子育ても含めて「家族の流儀」というところまで確立されているという感覚はなかったからです。

　自分の子育てはこれでいいのだろうかと迷ったり，これから先，わが子はどうなっているのだろうと将来に対する心配が生まれたりと，葛藤や不安を抱えながらも，親として子どものためにできることをしていこうとして，日々を営んでいるのが現状です。もちろん，わが子に対する希望や願いを母親，父親共にもっており，それが叶えられるように子育てをしていこうとする方向性もあるのですが，「わが家の子育てはこうします」と言い切れるところまでの「流儀」は生まれてくるのでしょうか。子育て経験を積んだ方々が，自身の子育て

を振り返ったときに，わが家の「家族の流儀」はこれだったというものが語れることはあるのかもしれません。しかし，私も含めて子育ての真っ只中にある人が，自身の子育ての確立された軸を語るのはなかなか難しいと感じていたのでした。

(2) 私たち家族が直面した社会の壁

　このように感じていた私に1つの転換点が訪れました。私の子どもが就学時健診で，言語（発音）の問題を指摘されたことです。子どもと一緒に就学時健診に行っていた妻から突然連絡があり，教育委員会の実施している就学相談に行くように言われたとのことでした。妻の話を聞いてみると，「さかな」が「たかな」になるなど，サ行を話すとタ行になるということや，カ行が安定した発音になっていないことなどを指摘されたそうです。たしかに，わが子が何の話をしているのか聞き取れないこともありましたが，一緒に過ごしていれば，非言語コミュニケーションの面も含めて，言いたいことはある程度，読み取れてしまうところがあり，そこまで気にしていませんでした。子どもの通っていた園でも，それで大きなトラブルになったことはありませんし，園生活に支障のあることはありませんでした。妻は子どもが年中の頃に気づき，相談もしていたのですが，今後の成長の中で改善されていくこともあることから，見守って過ごしていました。

　就学相談に同行してみると，担当者の方から検査をすると言われ，妻と私は廊下で待機することになりました。子どもの知的な遅れの有無を調べることによって，言語面以外の問題があるかないかを確認するという意図は頭では理解できたのですが，知的な遅れがあるわけではないことはわかっていたので，検査をする意味が見出せずやるせない思いになりました。子どもに長い検査をさせることになって申し訳ないという感情もありました。その後の相談では，知的な遅れはないものの発音の難しさのあることが伝えられました。そして，言語面について指導する必要性があるので，通級による指導がよいのではないかと提案されました。発音が幼く感じられるために，場合によっては，周囲からからかわれてしまうこともあるかもしれないと言われました。

　１か月後に就学相談の結果が届くと，言語障害があるために，通級による指導が望ましいという判定がなされ，通級による指導を希望する場合には，申請するようにという通知がありました。予想された判定ではあったものの，なぜ教育委員会が言語障害という診断をつけてくるのかは疑問でした。医師が子ども自身を見たわけでもありませんし，専門家と言われる人たちが検査結果だけを見て，目の前にいない子どもを判定したのでしょう。しかし，それでいいのでしょうか。教育の世界なのですから，「言語の面で教育的ニーズがある」という判定ならまだ理解できたのですが，なぜ診断までされるのか。また，同じ年代の子どもをもつ人たちに聞いてみると，就学時健診を受けて指摘があったとしても，就学相談を受けることがないまま，通常学級で生活している子がいるという話を聞いたりすることもあり，割り切れない思いをもってしまいました。そこで，園などと相談し，病院の言語・口腔機能外来を紹介され，行ってみることにしました。

　病院では，言語聴覚士の方が丁寧に子どもとコミュニケーションをとっていく中で，検査が始まりました。その中で，絵カードにある「すいか」を発音してみてくださいという指示が子どもにありました。そのとき，わが子が発音しようとしているのですが，とても力んでいて，肩に力が入っている姿がありました。「す」という言葉を認識はしているのですが，発音がどうしても出てこない様子です。「言いにくいかな。やめておこうか」と先生が尋ねると，うなずくわが子の姿があり，サ行を本当に言いにくそうにしていることが実感された場面でした。

　就学時健診以降，親が焦っている姿に子ども自身も何かを察していたのでしょう。しゃべりたがらず，言葉を話すということにおっくうになっている様子があり，しゃべることに対する苦手意識が本人に生まれてきたようでした。私自身も滑舌があまりよくない方で，そういう面が似てしまったのでしょうか。また，コロナ禍でマスク生活が長く続いたために，口腔内の動きに不自由さが生じてしまったのでしょうか。もっと早く何かをしておいた方がよかったのかもしれません。なぜ，こういうことになってしまったのだろうと原因を考えてしまうときもありました。

　特別支援関連の授業を担当している私が説明していた「言語障害」や「就学

相談」などに関する内容が，私の子どもや家族にそのまま覆いかぶさってきているようでした。これまでいろいろな障害のある子どもたちやその子どもたちを育てる家族の方々と出会ってきて，子どもたちの目の付けどころのおもしろさや，育てる親の方々の力強さに触れてきたはずなのに，わが子のことを指摘されると，動揺してしまう面があったのでした。そして，現実的な問題として，子どもが通級による指導を受けるかどうかを決めなくてはなりませんでした。

　園の先生や言語聴覚士の方など，いろいろな人と相談しながら，どちらにするかを妻と考えていく中で，徐々に言語の面に囚われすぎていることに気がつき始めました。一輪車が好きだったり，お人形遊びが好きだったり，ピーマンが嫌いだったり，多様な側面がわが子にはあり，発音が苦手であることはその一面に過ぎないのではないかと考えるようになりました。

　たしかに，日常のコミュニケーションに言語は重要な要素で，話を聞きとってもらえないこともあるでしょう。就学相談で言われたような，発音の苦手さをからかってくる子もいるのかもしれません。しかし，からかってくる側，話を聞きとる側の問題はなぜ指摘されないのでしょう。発音の苦手さはわが子の一面であって，好きな遊びなどの言語以外の面を通して，周囲の子どもたちとつながりの生まれてくることはこれまでの園生活でもありました。そのあたりは，私たち大人よりも子どもたちの方が柔軟です。何らかの苦手さを抱える側の問題とだけされてしまうと，とても生きにくい世の中です。

　また，通級に行くことになれば，ある一定の時間，クラスから離れることになります。どうしてクラスから離れるのか疑問に思う子も出てくるかもしれませんが，場合によってはこちらから説明するなどして，理解してもらえるように努めていくことにしました。また，わが子自身に発音に対する苦手意識が根づかないように，何度も聞き直しや言い直しをさせることなく，これまで通りに会話をして，生活していくことにしました。未来のことはどうなるかわからないのですが，わが子が周囲の人たちと一緒に生活しやすい環境を作っていくことが，妻も含めて私たちの目指すところでした。一方で，周囲の理解がなかなか進まなかったり，からかわれたりすることがもしも生じてくるようなことがあれば闘っていかなくてはならない。社会の壁を乗り越えていかなくてはならないという決意も生まれてきたのでした。

　この決意まで辿り着いたときにようやく，これがこれまで取り組んできた「家族の流儀」の内実ではないかと考えるようになりました。何らかの苦手さを抱えている子どもを育てている家族が社会と向き合い，わが子と共に生きていくことを模索していく中で生まれた子育ての軸なのではないかと。

(3) 「家族の流儀」とは社会に負けないためのレジリエンスである

　ここまで述べてきたことは，私個人の子育ての一経験です。また，私の子どもの場合は言語面の問題であり，ASD の場合とは異なる面がさまざまにあると思います。そのうえで，子どもに障害があると言われた親が体験する共通の構造があると考えられました。

　１つには，「障害児の親」という親役割を突如として担わされてしまうことです。私の場合は就学時健診がきっかけで，それまでほとんど意識されていなかった子どもの言語面の苦手さを社会の側から指摘され，就学相談から通級による指導を受けるかどうかを選択するという一連の流れに巻き込まれていくことになりました。ASD をはじめ発達障害のある子どもは，子どもの誕生の当初に診断がつくことはほとんどありません。多少の育てにくさがあったとしても，「この子の親」としてわが子の成長をみていこうとしています。その中で，乳幼児健診や子育て相談を通して子どもに医師を紹介され，様子を見ていこうとしているはずが，発達障害の診断が突如なされて「障害児の親」へと転換が強いられます。漠然としていた不安が目に見えるものになったとともに，さまざまな手続きや相談をしていくという，「障害児の親」という枠組みから逃れにくい状況になっていきます。この枠組みになぜ入ってしまったのか。それを考えてしまいますし，親である自分自身を責めてしまう心境になってしまうこともありえます。

　こうしたプロセスを経ていくことを通して，どのようにわが子と共に生きていこうとするのか，一緒に生活を紡いでいくためにはどのような生き方・育て方をしていけばよいのかという問題に親は直面することとなります。社会で生活していけるように厳しく育てることや，あえてレスパイト等に子どもを預けて，子どもとのちょうどよい距離感を保とうとする家族もあるでしょうし，わ

が子が理解してもらいやすいような環境を作ることを大切にする家族もあるでしょう。また，理不尽と感じられることに対しては子どものために社会と闘うことも辞さないと考える家族もあるでしょう。

　家族の外側にあるさまざまな社会の壁と感じられる状況に向き合って，それぞれの家族なりに生きていく術を見出そうとしていきます。「この子の親」として社会の厳しい壁と向き合う中から生まれてきた，わが子と共に生きていくための子育ての軸，これが「家族の流儀」であり，家族が社会に負けないためのレジリエンスなのです。これまでの学会でのラウンドテーブルや私自身の経験から，ようやくこの理解に辿り着いたのでした。

　第3章の座談会でお話しいただいた大石さんの語りもこの観点から読み返すと，よりよく理解することができると思います。大石さんは座談会の中で，真也さんが3歳のときに，気持ちのうえで「母親を終えた」と言い，「母親じゃなくて指導者」として生きていこうと決意したことを語ります。「母親では絶対育てられない」という語りもありました。厳しく育ててきたという語りも合わせて，字面や行動の表面的なところばかりを読み取ると，独特に感じられる大石さんの子育ては果たして大丈夫だったのかと心配になった読者の方もおられるかもしれません。実際，「お母さんなのに」という声をぶつけられた経験も大石さんは述べられています。

　しかし，全体を読んでみると，大石さんが愛情深く，子どもの内面を大切に育ててこられたことが十分に伝わってきたのではないでしょうか。オンライン越しの座談会でしたが，参加していた私はそのように感じます。それは，時折あった「母親は一応ある」「100パーセント指導者になれなかった」という語りに母親としての想いが滲み出ていたからです。また，障害があろうがなかろうが「一人の人間として育てる」という柱をご主人とぶれずに共有していたことや，大石さんの父親から継承した心の育ちを大切にする子育て観，家族としての信頼関係，こういったことを基盤として，わが子と共に社会と向かい合っていこうとされていたのではないでしょうか。

　社会とどのように対峙していくのかという子育ての軸である「家族の流儀」の基盤には，家族の愛情や信頼があると考えられます。それは子育てとしてどうなのかという評価の次元にあるものではなく，ASD のある子どもとその家

族が共に生活していくためには，その生き方・育て方をしていくことが不可欠なのだと理解していくことが私たち支援者に求められているのです。障害受容や早期発見・早期支援など，社会の要請するあるべき枠組みへと家族を導いていくのではなく，家族が紡いできた子育てや歴史，生活が営まれてきた背景を理解し，傾聴し，尊重していくことが支援者に求められます。それは，支援する側─される側という固定的な関係性を超えて，家族と共にある関係性を生きるにはどうすればよいのかという臨床観であり，そこが支援者に問われているのです。

② ASD のある子どもを育てる「家族の流儀」のこれから

　①では，「家族の流儀」の内実を掘り下げてきました。私自身に「家族の流儀」という概念に触発されて見えてきた地平があるように，ラウンドテーブルに参加していたメンバーが，「家族の流儀」という概念を通して，各領域に新たな知見を切り拓いていくこととなり，それがかたちになったものが第2章の各論考になります。第2章での議論を通して「家族の流儀」を尊重する臨床観にふれ，みなさんにどのような地平が拓かれることになったのか。そのご判断は読者のみなさんに委ねたいと思います。

　本節では，第2章の各節に対して補助的議論を行い，本書のまとめとしたいと思います。

　第2章 [1] は，ASD のある子どもの家族支援のこれまでを概観しました。本書のベースとなる議論を行い，障害受容を踏まえた早期発見・早期支援という枠組み，および，親を共同療育者と位置付ける社会の暗黙の要請という，現在の家族支援の主流に潜む2つの障壁に対する問題意識が述べられています。2023年4月にこども家庭庁が発足し，子どもまんなか社会の実現が目指され，子どもを社会で育てていこうとする機運が高められようとしていますが，社会の大きな流れに向き合っている，それぞれの「家族の流儀」が尊重されているのかという観点を支援者がもつ必要性を示したものです。

　第2章 [2] は，療育の中で目指すべき家族支援のあり方が議論されてい

138

ます。療育におけるこれまでの歴史を踏まえて，市川先生の ASD のある子どもに対する豊かな子育て臨床事例が数多く示されています。それらを踏まえ，「家族の流儀」の萌芽となる家族の独自性や，「療育者の流儀」を問い直していく必要性が示されています。表面的な語りで判断するのではなく，その裏側にある家族の思いや傷つき体験を丁寧に受け止め，伴走者として誠実に向き合っていこうとする臨床姿勢が述べられています。市川先生の示す事例に圧倒されるとともに，ASD のある子どもと親が一人の人として尊重される療育とはどういうことなのかを見つめ直した読者も多くいたのではないでしょうか。

　第 2 章［3］は，ASD のある子どもを育てる親の well-being の観点から，「家族の流儀」の形成過程が議論されています。2 組の親の語りをもとに，「わが子らしさ」には両面性があることを示し，親の well-being を保つ営みを通して「家族の流儀」が形成されていくことを提起しています。well-being という考え方が，昨今再び注目されるようになってきました。従来の well-being は質問紙等で測られ，幸福度といった形で数値化されてしまうため，そのダイナミズムについては十分に議論がされてきませんでした。これに対して，動態としての well-being を考えることによって，「家族の流儀」は形成され，更新していくものであること，そしてそれが如実に表れるのが，親の感じる「わが子らしさ」で，そこに支援者が着目する必要性が示されています。

　第 2 章［4］は，ASD のある子どもを育てる母親の 3 つの迷いに着目し，その背景には母親規範・家族規範という社会規範があることを鋭く指摘しています。この社会規範があるゆえに，母親が長年にわたり傷ついてきていることや，母親自身の感覚を言葉にすることが封じられている現状が述べられています。そして，社会が母親・父親に抱いている幻想に対抗するものとして「子育ての記憶」や家族を「共に生活する仲間」として捉える視点が提示されています。本節の後半の「自分を手放す」臨床に引き込まれるような感覚をもった読者もおられたと思います。あるべき家族像を ASD のある子どもを育てる家族に押し付けていくのではなく，「子育ての記憶」から紡がれていく家族のつながりに豊かな意味が込められていることに気づき，その意味を共有しようとする支援者の存在が欠かせないことがわかります。

　第 2 章［5］は，ASD のある子どもたちの青年期の「自分づくり」の様相

を，母親と山崎先生との語り合いから見出していこうとしています。障害児学童保育Ｐでの20年間にわたる活動を通して，ASDのある子どもたちやその母親と共に歩んできたからこそ聴くことのできる語りが提示されていました。これまでの節の議論は幼児期に重点が置かれていましたが，生涯にわたる「家族の流儀」へと視座を広げていく議論が展開されています。青年期以降のASDのある方々やその家族にとって，就労は大きなテーマで，障害者雇用の問題は注目されています。特別支援学校等においては，一般就労や就労継続事業所への就職に向けた取り組みが重視され，就労による自立を求める動きが強くなっています。しかし，２人の母親の語りを通して，真の意味での「自立」とは何かが私たちに問い直されたのではないでしょうか。親離れ，子離れの様相にある子どもを信じる勇気の源は，家族とその家族を支える社会のあり方にかかっています。

　さらに，第３章の座談会では，大石さんに貴重な語りを提供いただきました。[1]でもふれましたが，支援者の視点からだけでなく，当事者の視点から「家族の流儀」を考える契機となり，読者にこの考え方に対するさらなる観点を提示できたのではないかと思います。

　第１章で，①「家族の流儀」とは何か，②「家族の流儀」の生成過程，③「家族の流儀」発見の意味，④「家族の流儀」をもてないことの意味，⑤研究方法論の吟味の５つを「家族の流儀」の論点として提示しています。これらは，１つ１つ分割して答えられる類いのものではありませんが，①から③については，ここまで各章の議論の中でさまざまなかたちで提示されてきました。また，⑤については，ASDのある子どもを育てる「家族の流儀」の決定版となる定義やプログラムのようなものはなく，それぞれの家族の物語に寄り添っていく人に拓かれてくる視座が「家族の流儀」であるため，個別具体に迫るアプローチを検討していくことが求められているといえるでしょう。

　そのうえで，④の「家族の流儀」をもてない，もたない家族もいるのではないかという疑問をもった読者の方もいらっしゃるのではないでしょうか。「家族の流儀」をもつことが前提となった議論に違和感をもたれたかもしれません。それは第１節で示した私の経験からも思いますし，「家族の流儀」をもたなけ

ればならないという支援者の構えがあるならば，それは逆に家族に苦しい思い
をさせてしまうことになるでしょう。

　ただ，ここまでの議論で示唆されてきたように，「家族の流儀」に向き合っ
ていくということは，ASD のある子どもやその家族が置かれている社会構造
とも向き合っていくということをも意味しています。社会と対峙していくこと
を通して，ASD のある子どもと家族が共に生きる術としての「家族の流儀」
が生じてきます。ここから考えれば，社会とのつながりがもちにくいことの
表れが「家族の流儀」のもちにくさともいえますし，社会状況の変化や環境の
厳しさに応じて，「家族の流儀」は変化していく可能性もあります。ですので，
「家族の流儀」がもてないことや変化することを責めるのではなく，その状態
になっている背景を丁寧に読み込んでいくことから，家族と共に歩んでいくと
いう支援者の営みが始まっていくのだと思います。

　「家族の流儀」を尊重する支援者であればあるほど，「家族の流儀」と対峙す
る社会との狭間で思い悩み，揺れ動くこともあります。家族や社会のどちら
かに偏りすぎることのない，ほどよい距離感を保つのに難しさを覚えることも
あるでしょう。どのように支援を進めていけばよいのかわからないという渦
中にある支援者からすれば，ASD のある子どもの家族へのプログラム等を提
示される方がよっぽど楽なのかもしれません。しかし，そこを最終ゴールにし
てしまっては，それまでの家族の生き方や育て方は肯定されることがありませ
ん。社会のさまざまな要請を何とか乗り切ろうとしている家族のいまに寄り添
い，その家族の内面にある ASD のある子どもへの愛情や信頼を理解してくれ
る支援者こそが求められているというのが本書に込められているメッセージで
す。日々，「家族の流儀」を下支えされている支援者に敬意とエールを込めて，
本章を閉じることとします。

おわりに

　私は，以前は学校教育の中で，通級指導教室を中心に教育臨床に携わっていました。そこでは，何らかの要因で苦戦している子どもたちとの直接的なつきあいはもちろんのこと，その家族の在り方にコミットすることも重要な仕事でした。

　そこで出会った数百人の親子が置かれている状況や考え方は様々でした。それは，ある意味当たり前なのですが，次第にあることに気付きました。それは，その考え方が形成された要因に，社会規範や家族規範，伝統的な一般的価値観があることでした。しかも，私の近くにいた子どもたちは，何らかの生きにくさ，学びにくさがありました。これは，子どもの世界の中でいえば「マイノリティ」の存在であると言えます。そして，その子どもと共に生きる家族もまた，生きにくさ，学びにくさを有する子どもを育てる，社会的には「マイノリティ」の存在であるのです。そして，私の臨床家としてのスタンスは，マイノリティの存在である親子の生活や思い，考えを教わり，一緒に考えようとするものになっていきました。ご家族が「自分らしさ」を大切に生きようとされる姿，そこに生じる数々の障壁に立ち向かう姿を私に見せ続けたからです。いつしか私は，この家族はどのように子どもを育てたいのか，それはどうしてなのか，それは子どもや家族の「自分らしさ」の具現と言えるのか……ということに思いを巡らせるようになったのだと思います。これがまさしく「家族の流儀」へのこだわりでした。これは，第4章の勝浦先生の論考で示されている考察と大きく重なるところです。

　このように考えれば「家族の流儀」という概念が，個別性の高いものであることは自明でしょう。と同時に，「家族の流儀」は決まったかたちを目指して進むものではないのですから，その概念を大切にしながら一緒に歩こうとする専門家の在り方も多様になるのだと思えます。

　本書を一緒に紡いだメンバーは，緩やかな関係性のなかでつながっています。大まかな方向性の議論は行いつつ（これさえも，肩肘を張って議論したわけで

はないのですが），それぞれが置かれた場所で実践し，考えを紡いで進んできたのです。本書はそのスタンスの中で編まれたものです。このスタンスは，時に心地よい関係でもありますが，逆に不安定な関係になることもあります。決まった理論とプログラムの遂行であれば，もっと楽な関係を紡げるのかもしれません。しかし，ASD のある子どもを育てる家族が置かれている状況そしてその「家族の流儀」も同様に不安定さを有するものであるはずです。だとすれば，私たちは自分たちの関係性を，支援者としておつきあいする家族に重ね合わせているとも言えます。読者の皆様には，そのあたりの緩やかなつながり方の意味についても思いを巡らせていただければ幸いです。

　最後に，遅々として進まない私たちの執筆を温かく，時に厳しく支えてくださった金子書房編集部長の加藤浩平様に厚く御礼申し上げます。また，市川奈緒子先生，勝浦眞仁先生をはじめとする執筆メンバー，そして各メンバーの近くにいた数え切れない子どもたちとそのご家族に心から感謝します。ありがとうございました。

2023年12月

青山 新吾

【著者紹介】（執筆順・敬称略）

青山　新吾（あおやま・しんご）編著者
　　ノートルダム清心女子大学人間生活学部児童学科 准教授

勝浦　眞仁（かつうら・まひと）編著者
　　同志社女子大学現代社会学部現代こども学科 准教授

市川 奈緒子（いちかわ・なおこ）編著者
　　渋谷区子ども発達相談センター チーフアドバイザー

沼田 あや子（ぬまた・あやこ）
　　白梅学園大学子ども学部 特任講師

山崎　徳子（やまさき・のりこ）
　　常磐会学園大学国際こども教育学部 教授

大石　明美（おおいし・あけみ）
　　保護者，元NPO法人じゃがじゃが 代表

【編著者紹介】

勝浦　眞仁 （かつうら・まひと）

　同志社女子大学現代社会学部現代こども学科准教授。公認心理師。特別支援教育士。京都大学大学院人間・環境学研究科後期博士課程単位認定退学。2014年に博士（人間・環境学）を取得。旭川大学短期大学部幼児教育学科，桜花学園大学保育学部保育学科を経て，現職。専門は，特別支援教育・保育。特に発達障碍のある子どもを巡る現象学的研究を行っている。おもな著書に『"共にある"ことを目指す特別支援教育』（ナカニシヤ出版，2014），『発達障碍のある人と共に育ち合う』（共編著，金芳堂，2020）など。

市川 奈緒子 （いちかわ・なおこ）

　渋谷区子ども発達相談センターチーフアドバイザー。公認心理師。臨床発達心理士。東京大学大学院教育学研究科博士課程を満期中途退学後，障害児の小規模通所の非常勤心理士，社会福祉法人からしだね うめだ・あけぼの学園心理士，白梅学園大学子ども学部教授などを経て，現職。専門は，障害児心理学，特別支援教育等。おもな著書に『発達が気になる子どもの療育・発達支援入門』（共編著，金子書房，2018）『発達障害の再考』（責任編集，風鳴舎，2014），『気になる子の本当の発達支援』（風鳴舎，2016）など。

青山　新吾 （あおやま・しんご）

　ノートルダム清心女子大学人間生活学部児童学科准教授。同大学インクルーシブ教育研究センター長。臨床心理士。臨床発達心理士。岡山県内小学校教諭として勤務後，岡山県教育庁指導課，特別支援教育課指導主事を経て現職。専門はインクルーシブ教育，特別支援教育。おもな著書に『エピソード語りで見えてくるインクルーシブ教育の視点』（学事出版，2022），『インクルーシブ教育を通常学級で実践するってどういうこと？』（共編著，学事出版，2019），『エピソードで語る教師力の極意』（明治図書，2013）など。

「家族の流儀」を大切にする支援
自閉スペクトラム症のある子どもの家族支援・再考

2024年2月28日　初版第1刷発行　　　　　　　［検印省略］

編著者　勝 浦 眞 仁
　　　　市 川 奈 緒 子
　　　　青 山 新 吾
発行者　金 子 紀 子
発行所　株式会社　金 子 書 房
　　　　〒112-0012　東京都文京区大塚3－3－7
　　　　TEL　03-3941-0111㈹
　　　　FAX　03-3941-0163
　　　　振替　00180-9-103376
　　　　URL　https://www.kanekoshobo.co.jp
印刷／藤原印刷株式会社
製本／有限会社井上製本所
装幀／mg-okada
本文組版／株式会社APERTO